PE. ZEZINHO, SCJ

NÁUFRAGOS DA COMUNICAÇÃO

Leituras para repensar a mídia religiosa

EDITORA SANTUÁRIO

EDITORA SCJ

Dados Internacionais de Catalogação na Publicação (CIP) de acordo com ISBD

Z63n Zezinho

Náufragos da comunicação: leituras para repensar a mídia religiosa / Zezinho. - Aparecida : Editora Santuário, 2024.
224 p. ; 14cm x 21cm.

Inclui bibliografia.
ISBN: 978-65-5527-390-8

1. Religião. 2. Cristianismo. 3. Comunicação. 4. Mídia religiosa. I. Título.

2024-18 CDD 240
CDU 24

Elaborado por Vagner Rodolfo da Silva - CRB-8/9410

Índice para catálogo sistemático:
1. Religião : Cristianismo 240
2. Religião : Cristianismo 24

1ª impressão

Rua Pe. Claro Monteiro, 342 – 12570-045 – Aparecida-SP
Tel.: 12 3104-2000 – Televendas: 0800 - 0 16 00 04
www.editorasantuario.com.br
vendas@editorasantuario.com.br

ESTE LIVRO

Dei aulas por 28 anos na, hoje, Faculdade Dehoniana. Éramos um Instituto de Teologia. Assumi as aulas de "Prática e Crítica de Comunicação nas Igrejas", num tempo em que não havia tantos cursos, nem sacerdotes e leigos comprometidos com a Pastoral da Comunicação, e não tínhamos os canais de televisão nem grande maioria das emissoras de rádio que hoje temos.

Do curso, guardei algumas aulas que, com o passar dos anos julguei mais urgentes e atuais. Publiquei-as em dois volumes anteriores a este que, Deus o queira, será seguido por outros dois. Escrevi-os porque de repente houve uma explosão de mídia religiosa com alto grau de exposição do pregador e visível competição de cunho proselitista. Em poucos anos, tínhamos centenas de pregadores na mídia, alguns deles a sacudir e arrastar multidões. Eu mesmo falei, cantei e anunciei Jesus para estádios e programas de grande audiência, não sem os riscos de estar na mídia. A meu ver, chegara a hora de falar em voos serenos e navegares prudentes para que não acontecessem grandes naufrágios.

Entendi que aquelas aulas poderiam servir de subsídio para reflexões ainda mais ousadas por parte de alunos de catequese, de comunicação religiosa e de teologia. Poderia guardá-las no coração ou na gaveta. Publico-as. São uma pequena porcentagem do que foi dito e registrado no decurso desses quase trinta anos. Enquanto saboreio outros livros de excelentes estudiosos da comunicação, ofereço o meu. Sem humildade fingida, seguramente meu livro não será tão profundo nem melhor, mas é suficientemente ousado para questionar muito do que temos feito em termos de comunicação católica. Os evangélicos e pentecostais que cuidem dos seus púlpitos. A nós cabe repensar os nossos!

Podemos melhorar e estamos melhorando, mas, em muitos casos, ainda pagamos o preço de catastróficos improvisos, de linguagem inadequada: seja ela escrita, sonora ou audiovisual. Sacral demais, religiosa de menos, parcial demais e, às vezes, personalista, vulgar ou sectária, nossa linguagem peca por falta de **1) precisão**, **2) pertinência**, **3) abrangência** e **4) atualidade**. É sobre isso que versam os temas que você agora começa a ler. Aceito críticas e correções! Afinal, comunicar também é isso!

José Fernandes de Oliveira
Pe. Zezinho, scj

APRESENTAÇÃO

Pode acontecer comigo, pode acontecer com você. Se somos comunicadores, não temos outra escolha. O verbo é "navegar", o outro verbo é "ir". No mar de comunicação que se tornou o mundo, precisamos ir lá onde está o outro sujeito da nossa comunicação. Nenhuma pessoa é objeto. Há o sujeito que leva a mensagem e o sujeito que a recebe. Mas somos todos sujeitos. Microfones, câmeras, emissoras e fios são coisas. Mas estão nas mãos de sujeitos. Por isso o verbo não é "usar", mas "ir" e "dialogar".

Ainda que fiquemos à frente ou atrás de uma câmera, ou de um microfone, o verbo é "ir". Além disso, precisamos pôr o pé na estrada, ou remar o nosso barco até alguém com ânsia de ouvir mensagens que libertam. Se nos convidam e temos saúde e espaço na agenda, é lá que devemos ir. O verbo "comunicar" passa pelos verbos "amar", "ir", "dialogar", "ouvir" e "servir". Há, contudo, um "porém". Não se vai de qualquer jeito. Navegar é mais do que entrar numa canoa. Quem vai para o alto mar precisa saber remar. Mesmo que outros conduzam, ainda assim convém que saiba nadar. Não se aventura sem saber o mínimo necessário, para não afundar nas águas por onde se aventurou.

A mídia moderna é, hoje, um oceano. E costuma vir em altas e sucessivas ondas. No mar, surfistas experientes sabem o que fazer com suas pranchas. Não entram de qualquer jeito e em qualquer onda. Mesmo sabendo, levam tombos homéricos. Isto quer dizer que não basta possuir uma prancha para, por conseguinte, aventurar-se mar adentro. Há que saber equilibrar-se nela! O mesmo se diga de quem deseja mergulhar na mídia. Não basta achar que sabe. Não basta ter acesso a um microfone ou uma câmera e "seja o que Deus quiser". Acontece que Deus não quer tamanho risco. Há que saber usá-los e ter conteúdo para tanto. A posse de uma prancha não faz o surfista. O acesso ao microfone e à câmera não faz o comunicador.

Hoje, milhões de comunicadores navegam pela internet e há bilhões de mensagens boiando neste oceano midiático. O risco de naufrágio é permanente, posto que algumas mensagens parecem boias, mas são escolhos e ciladas. Aquele que pensa poder mergulhar nas ondas da mídia, saiba equilibrar-se, respirar e proteger-se, porque a mídia, às vezes, é mais do que pequena onda: é *tsunami*. Vem com inclemência, engole, sufoca, arrasta e, não poucas vezes, afoga quem despreza as leis da navegação. Não entre se não souber a hora de entrar e a hora de sair da mídia!

Navegar pela comunicação moderna supõe sabedoria: a do acessar, a do escolher e a do sair! Como acontece com os comandantes de navios e barcos, o verbo é "ir", mas é também "escolher". Quem não escolhe, não navega, arrisca. Não admira que a comunicação moderna esteja cheia de náufragos. Surfaram por ondas perigosas em pranchas inadequadas, ou em barcos pouco maleáveis. Faça um bem a si mesmo e aos seus ouvintes e telespectadores. Entre na mídia só depois de conhecer suas águas. Ainda assim, cerque-se de gente que sabe de chuvas e de tempestades...

INTRODUÇÃO

BARCOS À DERIVA

Comecemos nossas reflexões com a história de vinte pescadores experimentados e vinte turistas que de pescar entendiam apenas os rudimentos, em dia de sol forte. Os turistas olharam para o horizonte e, esperançosos de que a pescaria seria agradável e proveitosa, lançaram seus grandes e pequenos barcos ao mar. Os pescadores sabiam ler os tempos e os ventos, enfrentar as ondas, quando sair e quando voltar. Eram do ramo.

Os inexperientes turistas, amadores que eram, acharam que bastaria olhar para o céu para ver que haveria bom tempo. Deixaram para Deus a tarefa de lhes conceder um lindo dia e controlar o tempo, mas eles mesmos não souberam controlar-se diante dele. E afoitos, enfrentaram as ondas com seus frágeis remos e motores. Foram pescar em alto-mar, onde sonhavam encher suas redes de peixes, muitos peixes, milhares ou milhões de peixes... Quanto zelo! Nem perguntaram se suas redes seriam capazes de suportar o resultado de sua sonhada e hiperbólica pesca! Educados na temerária visão de que Deus resolve tudo, esqueceram-se de que ele deixou muita coisa para nós mesmos resolvermos com a nossa ciência. É para isso que existem escolas e aprendizado!

Mais depressa do que imaginaram, o vento soprou, as nuvens chegaram, caiu o toró. Alguns soçobraram, outros só escaparam porque um barco maior os tirou de lá. Nenhum dos pescadores profissionais correu maiores riscos. Tinham lido os tempos e os ventos. Não foram afoitos. Saíram e voltaram na hora certa. Não se arrisca em qualquer tempo e de qualquer jeito para encher as redes de peixe.

Alguns daqueles turistas aprenderam a lição e foram tomar aulas de remo, de pesca e de navegação. Outros não aprenderam e não quiseram aprender. Todos os dias continuam laçando-se ao mar, sem consultar quem entende de tempo e de chuvas e marés e achando que, desta vez, Deus não deixará chover demais... São candidatos ao naufrágio. Continuam entusiasmados com a possível pesca, mas despreparados para pescar. Em algum lugar da vida assumiram a temeridade, achando que isto é fé. E é, mas não é fé inteligente.

A ciência da comunicação exige preparo. Mas há inúmeros amadores brincando de entrar no mar das mensagens para buscar algumas e trazê-las para a terra. Se vier a tempestade, seguramente soçobrarão. É disso que tratam minhas aulas e este livro. Nem mesmo a pesca esportiva pode ignorar as leis do mar. Nem mesmo o zelo mais puro pode ignorar as leis da comunicação. Debrucemo-nos sobre elas...

1

DIÁLOGO DE OBSTINADOS

A comunicação dos crentes em Jesus anda em crise. Para milhões deles, o diálogo nunca foi nem pretende ser diálogo. Para muitos, dialogar é ceder, e na sua fé radical, não pretendem ceder em nada. Se estão absolutamente certos em tudo e se o caminho correto é o deles, por que ceder? São proselitistas natos e está escrito em suas testas e em seus DNAs que precisam levar gente para a sua igreja, mais do que para Jesus Cristo.

Usam o nome do Filho de Deus como pretexto, mas a intenção é perceptível: querem seus templos cheios de novos adeptos. Embarcaram numa fé vitoriosa e não estão nela para perder. Diferentemente de João Batista com relação a Jesus, há um desejo que eles cresçam e os outros diminuam. Pregam isso abertamente nos seus templos. Parecem vitoriosos, mas também eles estão em crise de caridade, e em perigo de naufrágio no gigantesco *ipse* de suas igrejas. Se são cristãos, mais do que cristianismo, praticam o "igrejismo". Puxarão quem puderem e quantos puderem para debaixo do púlpito de seus pregadores, cuja interpretação garante ser a mais correta, mesmo que sejam homens de pouquíssima leitura. Assim pensam e assim agem.

Os pregadores da fé, com raras exceções, quase sempre naufragaram neste quesito. Não puxam para a verdade; puxam para o seu ângulo. Fizeram assim os pagãos, como Juliano, apelidado de "o Apóstata", os judeus, os cristãos e, dentro do cristianismo, praticamente todas as igrejas.

Os diastólicos

Grandes santos de todas as religiões nem sempre primaram pelo respeito e pelo diálogo com outros crentes. Encontrar um Jesus, um juiz Samuel, um Maimônides, um Rabino Hillel, um rabino Gamaliel, papas como Gregório I e João XXIII ou João Paulo II, um Thomás de Aquino, um Karl Barth e um Hans Urs Von Balthasar, um Dalai Lama e outros crentes abertos a diálogo sério e cheios de respeito pelo irmão de outra fé, é uma golfada de vento suave. Eles existem e sua comunicação é pura, afirmativa, sincera e aberta à luz que também brilha no outro. Conhecer suas biografias faz bem. Ensinaram a conviver com outra fé, ainda que afirmando intensamente a sua. Somente as citações de seus escritos e de suas atitudes dariam um vasto curso de comunicação religiosa e diversos volumes sobre ecumenismo sadio e sereno.

Os sistólicos

Mas há os outros. À semelhança dos movimentos do coração fecharam-se em sua fé. Foram para o fundo de si mesmos e acabaram prisioneiros do abismo que cavaram para achar o ouro da verdade; ouro que acreditavam existir apenas nas minas de suas igrejas ou religiões. Um dia, uma das galerias da mina ruiu e estão lá, incapazes de subir para a luz que tanto queriam dar para os outros... E no ar artificial que respiram, continuam achando que não pode haver ouro em outras minas.

Se não aceitarem a ajuda dos de fora, não sairão de seus buracos. Se forem honestos, mais dia menos dia terão que descobrir que não são nem os melhores nem os piores, nem os únicos mineiros do planeta e que há outros com técnica mais refinada do que a deles para salvá-los. No momento, ainda estão hesitantes, mas enquanto não aceitarem que outros podem salvá-los, permanecerão incapazes de salvar quem quer que seja.

Isto aqui é mútuo! Os que gostam de converter os outros e não aceitam ser convertidos, aqueles que gostam de mostrar seu Deus para os outros e não gostam de ouvir que os outros já o encontraram, precisam se converter. Aceitarão ser salvos por quem eles querem salvar? Quem entra no mar achando que apenas seu barco chegará a outro lado, já naufragou e não percebeu. Quem admite que outros barcos também chegam, finalmente entendeu de mares e de náutica!

2

AVIÕES SEM AEROPORTO

Tempos atrás, numa emissora interiorana de pequeno alcance, uma jornalista me deu tempo para eu responder como quisesse. Pediu que descrevesse, em cinco minutos e do meu jeito, a situação do mundo. Se uma emissora que atinge 100 milhões de ouvintes ou telespectadores me pedisse a mesma coisa, eu diria o que disse naquele pequeno estúdio, para não mais de oito mil ouvintes.

Respondi que via os países como pequenos ou enormes aviões, há anos ou séculos no ar, com combustível para não se sabe quanto tempo, todos à procura do aeroporto da paz. Alguns param em aeroportos intermediários para reabastecer, mas sabem que não é ali o seu destino. Trocam de pilotos e tornam a levantar voo. E prosseguem na frota, todos eles sem rota, todos à procura do aeroporto da paz...

É voo cego! Povos encastelados nos seus aviões e ciosos de suas conquistas, no meio das nuvens e tempestades da história, muitas das quais eles mesmos provocam, procuram há séculos ou décadas, o sonhado aeroporto. Seus pilotos, muitos dos quais sem brevê, porque invadiram a cabine para pilotar do seu jeito, ensaiam guinadas, ora para a esquerda, ora para a direita, põem a frota em risco, ameaçam soltar suas bombas, mas nenhum deles parece se lembrar de onde decolou nem saber para onde vai. É que seus instrumentos, por mais sofisticados que pareçam, não revelam o exato lugar da paz. Talvez por não terem aprendido que a paz não é um lugar, mas um caminho!...

Aos líderes dos povos faltam coordenadas. De tempos em tempos, seguem todos numa direção, ou dividem-se em grupos e direções. Em poucos anos, como biruta de aeroporto, mudam com o soprar dos ventos...

Para alguns, o voo sereno de hoje já foi, por décadas, uma sucessão de solavancos. Para outros, agora em crise, o voo atribulado traz lembranças de quando voavam bem, até caírem nas mãos dos pilotos atuais. Nem foi preciso explicar que os aviões são as nações, os pilotos suas lideranças e as rotas as ideologias.

A jornalista entendeu. E fez a inevitável pergunta: "E os pregadores de religião? Fazem o quê? Existem para quê?". Respondi que também eles não sabem. Mas, enquanto não se acha a paz, sua missão é semear esperança e diálogo e evitar o clima de histeria durante o voo.

E disse a inteligente jornalista: "Só que tem alguns que são mais histéricos e imediatistas do que a maioria dos passageiros!". Rimos da sua tirada, mas concordei! E é por isso que escrevo sobre catequese de atitudes. Evita pregações do tipo: "Nossa Igreja é a única que sabe!"...

3

MÍDIA É MEIO

Saber, todos sabem, mas um número assustador de usuários esqueceu esta verdade. Usam-na como um fim em si mesmo. Fazem com ela o que muitos fazem com o dinheiro. Quem esquece que a mídia é um meio e que não pode estar acima das pessoas, machuca a si e aos outros. Os meios são e devem ser sempre menores do que as pessoas e as mensagens que as pessoas passam ou recebem. A internet, por exemplo, não pode ser o patrão. Tem que ser a servidora. O ser humano é maior, suas ideias e sua dignidade são maiores. Os veículos, por mais eficientes que sejam, não são nem podem ser mais do que as pessoas que nela se envolvem. Por isso, a pornografia vai contra a finalidade precípua da mídia. Se alguém aceita ser diminuído ou se age como objeto, perdeu a perspectiva. Nem o cavalo nem o automóvel são maiores do que o seu dono. Mas há cavalos que o derrubam e automóveis que se descontrolam porque escapam ao controle da pessoa.

Mídia mal dominada é cavalo xucro. Fica-se nela oito segundos ou alguns meses. A depender da curva da fama e da pressa em comunicar-se, o tombo é maior. Quem entra na mídia sem conteúdo e não aprende com as perdas e ganhos que ela causa, termina mais vazio do que quando entrou. Seu uso lembra o do machado, do isqueiro e do facão. Foram feitos como meios e para fim determinado. Quem os usa para outra finalidade, como incendiar casas, ferir ou matar pessoas, desvia-os para um fim espúrio. Assim é a mídia. Se massificar, formatar, enganar, seduzir, mercantilizar, fanatizar e jogar com a mentira, torna-se cúmplice ou assecla. É que a mídia não é coisa, é gente comunicando. Não funciona sozinha.

Quem cria, formata e transmite mensagens ou pessoas, sabe muito bem o que pretende. Será sócio no bem, se divulgar o bem, e sócio na maldade, se divulgar a maldade ou a baixaria. Não pode dizer que não quis o mal, se sabia que do outro lado há pessoas incapazes de distinguir fantasia de realidade. Veículos do bem e do mal, os que se fazem midiáticos têm méritos ou têm culpa. Mídia é veículo e veículos não tomam decisões. Alguns veículos em uso na mídia moderna não passam disto: decisões espúrias e mal-intencionadas. São isqueiros riscados em paióis...

4

PERPLEXOS E DESLUMBRADOS

Uma leitura da Bíblia e um passar de olhos pelos seus personagens mais marcantes revela perplexidade. Quem sou eu? O que será de mim e dos meus? O que será do meu povo? Quem é Deus? O que será que ele quer? Como conviver com os estranhos ou com quem eu não amo?

Houve quem, a seu modo, procurasse a verdade que achou ter achado e depois se lhe escapou. Tornou a procurar, interpretou-a do seu jeito, usou de mentiras e de vale tudo para atingir seus objetivos e morreu; às vezes feliz por ter ao menos buscado, às vezes infeliz e totalmente fora da verdade pela qual lutara. Salomão, Sansão e Gedeão servem de exemplos. Perplexos, a vida deles, segundo retrata a Bíblia foi visão limitada e imperfeita, em busca do que achavam ser o melhor possível. Mas erraram e erraram feio! Acolheram a violência e a mentira como forma de vencer.

Houve os mais santos e os mais pecadores, os bons e os maus, os misericordiosos e os perversos. Mas o saldo dos personagens bíblicos é bom: perplexamente, a maioria deles tateou à procura do melhor e do que lhe parecia correto naquele momento. Reflete a humanidade que engatinhou, escorregou e patinou enquanto subia a ladeira do futuro, até que aprendeu a construir o degrau chamado diálogo.

Quem conhece a Bíblia se lembrará das histórias por trás desses nomes. Relembremos alguns nomes: Abraão, Isaque,

Labão, Jacó, Esaú, José, Moisés, Josué, Eli, Dan, Daniel, Gedeão, Samuel, Saul, Davi, Salomão, Elias, Isaías, Jeremias, profetas, Judas Macabeu, Judite, Sara, Rebeca, Susana, Rute, Noemi, João Batista, Pedro, Paulo, apóstolos. Jesus é alguém à parte. Nós, cristãos, o vemos acima de todos e diferente de todos. Não pensam assim os judeus e têm todo o direito de assim não pensar. Mas, para nós, Jesus acertou na sua comunicação.

Quanto aos demais, parecem apenas nomes, mas atrás de cada história houve heroísmo, dores, sofrimentos, lutas fratricidas, falcatruas, mentiras, guerrilhas, morte, saques, violência, crueldade, perdão, santidade, traição, idolatrias, vinganças, assassinatos, massacres. Não poucas vezes o fizeram em nome do Deus procurado e não achado, não devidamente interpretado, mas assim mesmo proclamado.

***

Nem sempre quem disse que Deus lhe falou, disse a verdade; nem sempre quem disse ter achado, podia provar que achou. Nem sempre o pregador ou o líder, que garantiu ser porta-voz de Deus, disse o que Deus diria. Deus mandaria matar? Deus mandaria invadir e massacrar? Deus mandaria odiar o inimigo?

As histórias da Bíblia falam de um passo a passo, um difícil aprendizado de convivência e diálogo, um mergulho e, às vezes, um naufrágio de comunicador da fé. O problema desses personagens, muitas vezes, era o outro ser humano, inclusive os da própria família. A descoberta do outro e da convivência marcou o nascer das civilizações. Aí entram grandes filósofos e líderes religiosos, como Sócrates, Platão, Aristóteles, Lao-Tsé e Budha, até chegarmos a Jesus, que, para nós, cristãos, foi quem canonizou a alteridade. Ainda falaremos de Mateus 25,31-46.

5

CONFLITO AO REDOR DO PÚLPITO

Quem não quer nenhum conflito; quem se fez pregador para ganhar aplausos e tapinhas nas costas, com almoços e jantares nas casas dos fãs e admiradores, certamente achará seguidores, espaço e ambiente. O púlpito é algo muito diferente disso, mas se o pregador deseja subir na vida a qualquer preço, vai achar quem o acolha e o encha de presentes. Basta não pegar pesado... A multidão prefere o pregador que faz chorar ao que faz pensar. Aquele parece melhor pregador do que este. Isso vem dos tempos de Aristóteles, que dizia que as pessoas vão aos templos mais para experimentar e sentir do que para compreender.

João Paulo II tocou no assunto em 4 de junho de 2000, ao falar da ética nos meios de comunicação. **Pregador de mídia não pode fazer média! Uma coisa é ser gentil e outra é ser servil.** Mas há e sempre haverá os pregadores de primeiros lugares à mesa, ou de ovações e aplausos a cada novo discurso. Aquele público lhes pertence. É o que pensam. "E amam os primeiros lugares nas ceias e as primeiras cadeiras nas sinagogas" (Mt 23,6).

Era Jesus descrevendo os pregadores carreiristas do seu tempo. Mas, quando o público pertence a Deus e à Igreja, fica bem mais difícil este comportamento "*light*" estilo "agrada plateia", "nada contra ninguém".

Paulo tem outra mensagem, ao falar a Timóteo (2Tm 4,1-5; 1Tm 3 e 4) e ao falar aos Romanos (Rm 1-18-32). Ele até gostaria de ser aplaudido, mas deixava isso para Deus. Nem a si mesmo ele julgava (1Cor 4,3). Se não quisermos conflitos com alguns grupos ou movimentos religiosos, é melhor concordar e aderir. Mas, se discordarmos, estejamos preparados. Talvez ainda sorriam para nós, mas não quererão nos ouvir. Consideram-nos dissidentes e sem unção, quando os pregadores suaves é que são os dissidentes, por pregarem o que a maioria dos cristãos conscientes não pregaria. A nós, católicos, não é permitido calar e nada dizer, quando, por exemplo, uma escola inteira, por exemplo, foi depredada pelos seus alunos, ou quando o Supremo Tribunal Federal (STF) aprova por 6 x 5, em maio de 2008, que no nosso país agora se pode manipular as células-tronco extraídas de um embrião, que, com isso, morrerá! Se o pregador se cala, nega Paulo a Timóteo (2Tm 4,1-5) e nega Jesus (Mt 10,27).

Com quem ficarão os fiéis que os ouvem? Com eles ou com os bispos e os padres e leigos que, fiéis ao catecismo, pregam a doutrina oficial? A quem quererão ouvir e ver? A diferença está no ar e pode ser gravada por dispositivos conectados à internet, bem como por programas de televisão, por meio de seus recém-adquiridos aparelhos eletrônicos atuais. Faça como eu, que, como professor de comunicação religiosa, preciso gravar e documentar minhas observações. Grave o que eles andam dizendo na nossa e nas mais diversas igrejas. Torne a ouvir, para ter certeza de que ouviu direito. Deixe que outros ouçam e então opine.

> Como ficar quietos, quando um pregador diz que podemos comungar Maria por ela ter o mesmo DNA de Jesus? Como não reagir quando o entusiasmado pregador, emocionado e em nome da autoridade a ele conferida, expulsa do Brasil o demônio da dengue com os seus mosquitos? Como aceitar passivamente o pregador despreparado que exorciza o de-

mônio que estava numa mulher que ele não apontou, ora em línguas, e em pleno Pai Nosso, Jesus ali presente, pois já passara a consagração, invoca São Miguel Arcanjo para que com sua espada luminosa expulse este demônio dessa fiel? Como ficar quieto quando o pregador afirma que a cada novo pecado aqui na terra, um novo espinho fere a cabeça de Jesus que sangra no céu? Calar-nos diante da cantora que diz que pelo nascimento de Maria a salvação entrou no mundo? Nada dizer quando o pregador garante alto e bom som que, se Maria não tivesse sido virgem, Deus não a teria escolhido, posto que a virgindade foi o requisito número um para a sua escolha? Acrescentou ainda que Deus não escolheria uma mulher que não fosse virgem! Como ficar quietos? Como aceitar que digam que o rock é música do demônio, quando Hitler matava judeus ao som de hinos, valsas e marchas. E estes ritmos que ajudavam a matar não eram demoníacos? Querem o direito de dizer estas coisas e não querem conflito?

***

Nos primeiros séculos do cristianismo não havia como registrar estas falas. Por isso, não sabemos o que realmente disseram, exceto pelos livros por eles assinados. Hoje sabemos quem prega e o que diz, um dia depois do outro. Estão se expondo, o que significa que estão provocando. Querem mudança nas suas igrejas e no seio do cristianismo como foi vivido e conhecido até agora. E temos o catecismo, os teólogos e os documentos oficiais da Igreja para as devidas comparações. A isto chama-se exercício de fé e razão.

***

O que aquela pregadora, ou aquele pregador, quis dizer e o que realmente disse? O que o povo está ouvindo dos pregadores católicos e evangélicos na mídia moderna? O que pretendem com o seu novo discurso libertador, restaurador ou renovador? Os estudiosos da comunicação religiosa moderna fariam bem em prestar mais atenção ao que é dito no rádio, na televisão e na internet. O que hoje é dito por um leigo, ou por um sacerdote pouco versado em teologia, espalha-se com maior rapidez do que aquilo que, nos séculos II e III, diziam Montano, Ário e Donato e outros, cujas doutrinas hoje não aceitamos.

> Isto significa que milhões de espectadores e ouvintes de hoje podem mudar sua crença num determinado dogma, em menos de dez anos. O perfil de uma igreja pode mudar da noite para o dia, a partir do poder de mídia de algum reconhecido ou autoproclamado profeta ou apóstolo católico, evangélico ou pentecostal que lhe fala todos os dias dentro da sua casa.

6

DESVIOS DA FÉ NA MÍDIA

Nos primeiros séculos e até menos de cem anos atrás, pregava-se nos templos e nas ruas. Hoje, o pregador vai várias vezes por dia à casa do fiel. Lá, ele ensina o que crê, mas nem sempre o que suas igrejas oficialmente ensinam. Poucos pregadores foram ou são nomeados pelas autoridades para pregarem na mídia. Começam, e a autoridade nada diz ou confirma. Poucos são preparados para esta missão.

Está alguém fazendo alguma coisa para que os fiéis tomem consciência de que nem tudo o que ouvem é oficial na nossa Igreja? Ou estamos deixando como está para ver como é que fica? O fato de um sacerdote carinhoso escrever numa revista eclética, com orações nada católicas, não torna a revista católica nem recomendável! Continua a ser revista de horóscopo e angeologia, mais vazada nos apócrifos do que nos livros canônicos da Bíblia. Não estamos deixando passar algumas heresias em virtude de um bem maior? Dá-se liberdade àquele pregador porque é maior o bem que ele semeia do que algum erro grave que às vezes ele prega? E isso é correto?

Alguns exemplos podem nos ajudar a entender o que está chegando aos lares de nossos irmãos católicos.

> Tentando ilustrar a relação materna de Maria com o Corpo de Cristo, o pregador afirmou que a união dela com o Filho é "hipostática" e que se pode comungar Maria na

mesma hóstia, porque quem recebe o corpo e o sangue de Cristo recebe o da mãe, uma vez que Jesus e Maria possuem o mesmo DNA... A implicação de tal afirmação, qualquer catequista já sabe. De adoradora, Maria passa a ser adorada.

Querendo exorcizar um demônio que ele dizia estar em alguém da assembleia, mas que não mostrou em momento algum, o jovem e carismático sacerdote, primeiro levou os fiéis a orarem em línguas. A seguir, pediu que orassem a São Miguel Arcanjo para que, "com a sua espada luminosa expulsou Lúcifer do Paraíso Celeste", expulsasse aquele demônio. Isso foi antes do Pai-Nosso, portanto, depois da Consagração. Segundo o mesmo padre professa, é crença dos católicos de que Jesus, o Filho de Deus, estaria ali. Então, por que invocou São Miguel Arcanjo para expulsar um demônio? Que poder ele atribui à Eucaristia e a Jesus ali presente?

O jovem pastor anunciou que o ateísmo seria derrotado pelo Espírito Santo, mas que, antes, era preciso derrotar todos os falsos crentes. Entre eles, falou dos idólatras romanos. Um dia, eles, os verdadeiros crentes governariam o Brasil e o mundo. A plateia prorrompeu em aplausos. Segundo ele, a impiedade perderia. E colocou todos os outros crentes no rol de pessoas ímpias. Com que direito?

A pregadora mirim, de menos de oito anos, respondia ao entrevistador, num programa de televisão. Era a atração, pelo seu conhecimento de Bíblia. Disse que havia a Bíblia "dos cristãos" e outras Bíblias, "como a dos Católicos". Para ela, cujo pai é pregador evangélico, nós não somos cristãos.

Querendo prevenir os seus fiéis contra o anticristo, no melhor estilo Joaquim de Fiori, o pregador católico sacerdote avisou que o anticristo já reina no mundo e que estamos molhados da sua chuva. O anticristo só não venceu ainda porque existem os cristãos carismáticos. Anunciou o retorno de Cristo para breve. Só não disse de quantos anos seria este "breve"...

Outro pregador pentecostal explicou que Jesus é o Espírito Santo encarnado.

O leigo católico diz que nós adoramos Jesus dentro do "símbolo" da Eucaristia. Para ele, não se trata de mistério: é só símbolo.

O leigo católico disse, num encontro, que Jesus é o nosso Pai Eterno.

O padre jovem, três anos de ministério, no seu entusiasmo de ver os fiéis de coração puro, avisou aos que se confessassem com um padre em pecado, que procurassem outro sacerdote, porque aquela confissão poderia não ter valido... Aderiu ao donatismo, heresia condenada pela Igreja.

Lembrando que Deus é misericordioso, mas também é justo, o jovem leigo dizia, de maneira dramática: "Cuidado que os braços de Jesus estão cansados. Ele pode se cansar de perdoar. Seu perdão e sua paciência têm limites..." Citou Ezequiel, mas esqueceu-se de Joel e de Isaías. Ignorou a pregação da misericórdia. Esqueceu-se do que diz o catecismo da Igreja Católica sobre a misericórdia de Deus.

E dizia a pregadora, dando testemunho na televisão: "Deus é inatingível. A razão não pode chegar até Ele. Só a revelação pode nos dar a fé". Negou o catecismo da sua Igreja que diz que a razão pode, sim, levar a Deus!

Um pregador católico leigo dizia a uma enorme plateia: "Ninguém pode nos impedir de pregar a verdade, nem o Papa. O Espírito Santo é quem nos chama". Repetiu Ário, Donato, Novaciano e Montano e Lutero de uma só vez.

O que têm de comum estes profetas?

Sentem-se profetas especiais;

Sentem-se portadores de uma nova mensagem especial para o nosso tempo;

Falam como se estivéssemos nos últimos dias do planeta;

Gostam de predizer o futuro da humanidade e das igrejas, com a evidente vitória da sua Igreja, ou do seu movimento de Igreja;

Não costumam ler os teólogos do seu tempo, exceto os que os apoiam. Não conhecem os principais pensadores católicos ou evangélicos. Só conhecem alguns dos pregadores famosos aceitos pelo seu grupo;

Alguns não reconhecem nem mesmo a autoridade do Concílio Vaticano II. Não o consideram "doutrinário";

Reverenciam a autoridade dos bispos, mas continuam fazendo o que os bispos lhes pediram para não fazer. Escolhem a que bispo querem seguir, mesmo que seja um de longe, que não tem jurisdição sobre a sua paróquia ou diocese. Não acatam a autoridade do bispo do lugar onde moram;

Distinguem entre logos e rhema. Sentem-se portadores da

Palavra "atual" de Deus. Se alguém os questiona, dizem que tais questionadores não sabem o que Deus está falando "agora". O "agora" da fé é com eles;

Deus está falando coisas novas por meio deles. Sua Igreja ainda não os entende, mas um dia os entenderá;

A exemplo de Montano e de Donato, Ário e Pelágio têm seu jeito de pregar, de cantar, de celebrar e de testemunhar. Muita coisa é boa, mas há as duvidosas, que a Igreja não aceita nem aceitaria. Eles insistem nelas. Para eles, nada é duvidoso;

Adotam cantos, linguagem e vocábulos próprios. Dificilmente cantam os dos outros grupos, mas querem que os outros grupos cantem os seus;

Vivem em "grupos-redoma". Têm valores que poderiam ser partilhados e poderiam aprender valores dos outros. Mas isso raramente acontece. Mais exportam do que importam;

Não vão aonde todos vão, e, quando vão, ficam juntos, entre eles. Mas você será bem-vindo, quando quiser vir a eles. Acolhem bem quem vem. Sentem-se deslocados quando vão e não encontram lá outros do seu movimento;

Ensinam que algo de novo está por acontecer e que eles verão esse dia, ou ao menos o prepararão;

Às vezes sentem-se perseguidos e excluem o irmão que discorda de alguns pontos de sua pregação e ação. Tratam-no como inimigo. Não foram preparados para ouvir vozes discordantes. Colocam quem quer corrigi-los fraternalmente, na mesma situação de inimigo de Cristo, do Espírito Santo, da verdade e da fé. Alguns não hesitam em deturpar o que tal irmão disse, mesmo que esse irmão os ame e veja valor neles;

Encontram dificuldade em admitir a santidade e a profecia dos outros. Seus profetas são os primeiros e os melhores em tudo. Também seus escritos, seus livros e suas canções, até porque não costumam ler outros autores, nem ouvir outros enfoques da sua mesma igreja;

A tendência deles, embora se proclamem abertos, é a de um coração em sístole. Fecham-se para quem discorda deles. Atribuem isso à falta de conhecimento da sua profecia e do que o Espírito Santo pode fazer numa alma.

Não aceitam nenhum raciocínio que lhes peça para corrigir uma letra, uma canção, um texto ou uma frase confusa. Dizem que o que foi ditado pelo Espírito Santo não precisa ser corrigido. Raramente voltam atrás do que já ensinaram, ainda que se prove que leva a dúvidas e confusões.

* * *

Uma das coisas mais difíceis da catequese é dialogar com os crentes plenos de certeza. Atribuem o questionamento e a dúvida ao demônio, quando poderia ser, bem ao modo dos apóstolos, uma forma de obrigar a comunidade a pensar! A palavra é sístole. Fecham-se nos seus conhecimentos e devoções e peneiram tudo o que não tem sua linguagem ou seu carimbo, que, ao fim e ao cabo, não é eclesial, mas fractal, parcializado!

7

HISTÓRIA INCÔMODA PARA UMA LEITURA DA MÍDIA RELIGIOSA

Era uma vez um sujeito que gostava muito de números e de mistérios. Incomodado com o fato de que, na sua cidadezinha, muitos afirmavam que 2+2 perfaziam 5, declarou-se professor de matemática. Não achou necessário consultar um professor.

Juntou um grupo de alunos e ouvintes, nomeou-os divulgadores de matemática mais pura e passou a ensinar nas esquinas e salas especiais e, depois, no rádio e na televisão. Pregava que os que tinham vindo antes deles estavam errados: 2+2 não perfaziam 5. O povo deveria conhecer a nova verdade, pois esta, sim, era a verdade mais verdadeira.

Em pouco tempo a cidadezinha se dividiu em três grupos: o dos que continuavam achando que 2+2 resultavam em cinco; os que, agora, com o ensino revolucionário deles, tinham certeza que 2+2 eram 7 e, finalmente, os que tendo lido mais livros do que eles e ouvido os outros professores de fora da cidade e de todos os cantos do mundo, afirmavam que 2+2 continuavam a ser 4. Estes, por serem minoria e irem contra os novos matemáticos, eram vistos com desconfiança.

Moral primeira: *A pregação daqueles novos matemáticos trouxera um grande resultado, mas não exatamente a verdade.*

Moral subsequente: *O marketing divulga o ponto de vista, os produtos e os interesses de quem o utiliza; não necessariamen-*

te a verdade, o melhor preço e a melhor qualidade... Ao contrário, pela confusão que semeia, pela competição e pelos espaços que invade, torna-se causa de conflitos.

8

CONFLITO NO AR

Há conflito no ar, e ele vem pelas ondas de rádio e de televisão, pela internet e pelos canais de streaming. Há irmãos pregando o que a Igreja não prega e teimando em não corrigir suas afirmações. Há sacramentos administrados à revelia das normas da Igreja. Há bispos e padres e estudiosos ouvindo e reagindo. Portas se fecham a estes pregadores. Haverá confronto, se isso não for resolvido de maneira fraterna, porque há irmãos pregando o que a Igreja não prega; estão chegando aos lares de fiéis aos cuidados de outros bispos, outros sacerdotes e outros pastores.

Ainda assistiremos a outros episódios dessa novela, com excelentes e bons capítulos e outros nada agradáveis, porque são portadores de confusão e por demais ousados. Enquanto as igrejas não restabelecerem o lugar dos apóstolos, dos profetas e dos mestres e teólogos, correrão o risco de, dentro delas, a profecia sufocar a teologia e, esta, a verdadeira profecia. No momento, os profetas estão chegando a mais gente. O povo quase não ouve os teólogos.

Grave seis meses de pregação religiosa pelo rádio e pela televisão e entenderá para onde estamos indo: para uma igreja excessivamente profética e pouco instruída na doutrina. Um dia algum Atanásio, um outro Agostinho, um outro Policarpo, outro Irineu ou Justino irá falar. Profecia em excesso também pode significar Igreja de menos! No tempo certo, Irineu falou das heresias e ajudou a estabelecer o rumo de púlpitos nos quais muitos falavam o que bem queriam.

9

O DEVER DE ESSENCIALIZAR: EXIGÊNCIAS PARA UMA LINGUAGEM MAIS CRITERIOSA

Para se entender a comunicação como serviço, primeiramente, é preciso clareza. Entra-se no aspecto "conceituação" e no psicológico da mensagem. Trata-se de conceitos e pensamentos em busca de outros pensamentos. Vem da pessoa e atinge pessoas. Para isso, o pregador precisa aprender a controlar suas paixões. Entusiasmo demais ou desmotivação afeta a mensagem. Quem fala, dança ou escreve deve fazê-lo com dose adequada de sentimento e carga suficiente de razão, com suficiente controle das emoções. A paixão deve ser controlada. É como pilotar avião. O motor e as asas precisam de controle, caso contrário, o avião perde altura e equilíbrio.

Em outras palavras, há que haver controle do "ego". Não há dinheiro que compre o controle sobre si mesmo. Paulo diz que a persistência na virtude gera a perseverança e esta nos dá o controle sobre nós mesmos (Tg 1,2-4). Jesus diz também que não há dinheiro que pague o controle da própria alma (Mt 16,26). A pessoa deve possuir-se e não se mostrar possuída. Nem mesmo Deus deve nos possuir a ponto de perdermos a lucidez. Nem tudo que parece êxtase, êxtase é. Às vezes é desequilíbrio emocional. Jesus mesmo se oferece como fonte de repouso e de calma para o espírito humano (Mt 11,28). Felicidade talvez seja a posse da chave de nós mesmos. Com ela saímos das prisões que nos engolem.

Kenosis

Palavra grega fundamental na Pastoral da Comunicação é *kenosis*: reconhecemos e nos aproximamos do limite do outro, e por ele aceitamos um limite. As mães fazem isso todos os dias com os seus pequeninos. Descem até eles, curvam-se e os pegam no colo. Devido ao gesto, os bebês não se sentem mais indefesos: estão quase dentro da mãe...

Para ilustrar a ideia de *kenosis*, recordemos o episódio dos mineiros no Chile em 2010. Quase dois meses no fundo da mina, a 700 metros, não tinham como sair do seu abismo. Alguém desceu e os resgatou. Tomemos ainda a história do bombeiro e do menino acidentado. A criança caiu num poço profundo e não tinha forças para sair, nem mesmo para agarrar a corda que lhe lançaram. Um bombeiro magro desceu com a luz na testa, correndo todos os riscos de ir até à criança. Mais: desceu amarrado de cabeça para baixo à profundidade de 38 metros, com apenas uma corda e uma luz. Encontrou o menino, amarrou-o a si e subiu com ele. *Isto é kenosis. O maior arriscou a vida pelo menor; quem podia, ajudou aquele que não podia, assumindo a condição de quem não podia.*

Mais do que jogar a corda

Jogar a corda já seria comunicação, mas incompleta. Ir lá e ajudar quem não sabia se ajudar foi comunicação plena:

foi a realidade mais exigente. É disso que Jesus fala quando afirma que ninguém tem amor maior do que aquele que dá a própria vida pelos amigos (Jo 15,13). Paulo diz que a comunicação de Jesus foi ainda maior porque morreu perdoando quem o odiava.

> Mas Deus prova o seu amor para conosco, em que Cristo morreu por nós, sendo nós ainda pecadores (Rm 5,8).

10

AÇÃO><RELAÇÃO>!<REAÇÃO

É no ato de comunicar que nos revelamos humanos. É no ato de nos relacionarmos que revelamos a pessoa que nos tornamos. E é no ato de reagir que mostramos nossa capacidade de viver a dimensão do *tu-eu*; *eles-eu*; *eu-tu*, *nós-eles*, *nós-vós*. Se não há interação adequada, é porque a relação e a reação foram inadequadas.

Animais e humanos

Somos seres relacionais e não conseguimos viver sem laços. O melhor exemplo disso é a criança no colo dos pais. Por um longo tempo eles são sua maior referência. Os pais a educam para se relacionar e para reagir corretamente à comunicação dos outros. Precisarão disso para sobreviver. Fazem o mesmo os macacos, os ursos, os marsupiais. Seus encontros são aulas de relação e de reação. As brincadeiras dos ursinhos os preparam para morder, atacar e buscar a sobrevivência. Aprendem a morder, mas já sabem que não podem se morder com força para não se ferirem.

Relações mais íntimas

O sexo é outra escola de comunicação profunda para a vida. Não começa com ele nem termina nele. Pobre do casal que confunde suas relações e sua comunicação com o que acontece no ato sexual. Ele não pode nunca ser um fim: é um meio. Sexo casual não é comunicação porque não é interação de sentimentos, mas apenas de prazer; no sexo maduro, o sentimento está muito além do gozo e do prazer, uma vez que vai além do instinto.

O mundo pode espernear quanto quiser contra nossa Igreja e contra os cristãos, mas para nós a sexualidade tem que estar ligada à vida e à criação, mesmo que o ato daquele dia não seja procriador. Ainda assim, ambos devem se unir em prol de um amor que busca proporcionar uma melhor qualidade de vida um ao outro.

Mais do que um encontro

Sexo sem amor é relar-se, mas não relacionar-se. É trombada, mas não é encontro. É querer o corpo do outro sem querer o outro. Uma coisa é o encontro ou o momento sexual; outra é a relação sexual, que vem de *re* e de *laços*... A ação é momentânea, mas a relação já vem de longe. E a cada ação haverá uma nova reação e um estreitar da relação.

Aí, sim, podemos começar a falar de família e de amor! Não é coisa furtiva, de impacto, de frisson, de momento. É coisa de duas vidas conjugadas. Só uma família construída nessas bases tem chance de sobreviver, porque não é família sitiada: é família situada. Não é sexo sitiado: é sexo situado num contexto maior de homem-mulher, mulher-homem. É mais do que duas carências num leito: são duas generosidades numa casa!

Criados para a relação

Não podemos nos esquecer nunca que sozinhos não sobreviveríamos. Fomos criados para a relação. Como os pais percebem que não podem oferecer tudo para o seu filho se socializar, este é enviado para a escola. É o começo da relação cultural. Mas ele precisa se expandir espiritualmente, por isso vai ao catecismo. É outro tipo de relação. Depois começa a cuidar do irmãozinho. Um dia ele encontra amigos e começa a ter relações serenas. Finalmente alguém especial do sexo oposto desperta seu desejo de relacionamento mais íntimo.

Assim, e não antes, ele conquistou a comunicação. Tem o direito de dizer sim e não, a depender de quais sejam os alvos de sua vida, mas ele sabe que já está pronto para se relacionar em pequenos e em grandes grupos. Se escolher a droga e a violência, é sinal que perdeu o controle e a chave de si mesmo.

Relação enriquecedora

Toda relação correta tende a gerar uma boa reação. Mas nem sempre é verdade que toda relação correta gera uma boa reação. O grau de egoísmo e de intensidade dos interesses do indivíduo pode levá-lo a reagir, de maneira inadequada, a uma boa relação. Bons pais às vezes sofrem com o filho que se droga ou quer sua herança. Congregação e ordens dão tudo a um dos seus membros e às vezes ele as abandona, porque tem projetos pessoais e não devolve nada do que levou consigo. É um dos lados tristes do ser humano. Igrejas inteiras são lesadas pela dissidência de algum pregador. Foi reação inadequada. Recebeu e não retribuiu.

Toda ingratidão é uma reação inadequada. E nem sempre é culpa de má comunicação dos outros. É a isso que se refere o mito grego Narciso: ele usava sua beleza para desfrutar dos outros e nada oferecia em troca, porque valia o que ele queria. Acabou tragicamente porque só se comunicava consigo. No dia em que se viu num espelho de águas, morreu afogado porque desesperadamente corria atrás de si mesmo. O narcisismo é uma das relações mais deturpadas que se pode conceber. Está eivado de egolatria.

Relações serenas

Uma boa relação-reação cria pessoas serenizadas. Do ponto de vista cristão, pessoas também podem cultivar relações erradas. Pai duro demais ou mãe muito boa, e até permissiva, acaba formando filhos problemáticos. Um dos problemas para a religião têm sido as relações homossexuais. Algumas delas serenas e outras tempestuosas, como, de resto, são também muitas relações heterossexuais. Nenhuma delas escapa a esta realidade. É de relação que se trata. Aceitável ou não, a verdade é que fiéis que sentam juntos nos mesmos bancos têm relações que sua Igreja questiona. Está na Bíblia, está no Corão, está nos catecismos de todas as religiões.

O que os outros pensam é assunto deles. Para nós, a homossexualidade não é apenas questão de genética. Trata-se também de ética, atos, atitudes, relação e reação. A pessoa começa a questionar sua condição de homem ou mulher com a qual não se identifica de maneira completa. Há preferências que a levam para alguém do mesmo sexo. Socializa-se melhor dessa forma. Vem a opção. Reajo contra ou aceito minhas tendências? Amigos, mídia, sociedade completam o quadro desejo-satisfação-relação. Pode, não pode; convém, não convém... A decisão fica por conta dele ou dela.

Abuso sexual

Outra forma de relação invasiva e prejudicial que afeta vítimas em todo lugar é o abuso sexual, destacando-se o mais grave: a pedofilia. Um adulto usou uma criança. Não foi relação. Foi agressão. O abuso sexual contra crianças tem sido interpretado como resultado de interações e comportamentos inadequados em fases anteriores da vida da pessoa que comete o abuso. Sabe-se que 2/3 de mães adolescentes sofreram com abusos. O ser humano é fragmentado, por isso seleciona o que o interessa. Há lembranças reprimidas, mas também existem as errôneas, em casos nos quais a pessoa não quer mudar.

Pode haver e há pessoas que garantem ter sofrido abusos sexuais na infância, quando, na verdade, levaram um tapa. Transferem a violência para o campo do sexo. Fica a palavra deles contra a do acusado. Isso pode ser definido como lembranças errôneas que os psicanalistas em geral identificam, não sem uma paciente e uma intensa terapia. A questão dos relacionamentos sexuais não é tão simples quanto se faz parecer em certas publicações semanais. Contudo, quando há, e acontece com frequência assustadora, estamos diante de uma das agressões mais cruéis que se possa imaginar. Não houve escolha nem entrega. Houve posse indevida.

Ensinar a reagir

Para haver comunicação humana positiva, é preciso que ação e reação sejam serenas. Ensinar a reagir é fundamental na formação de um ser humano. Quem reage pelas armas mostra incapacidade de perseguir seus objetivos pelo diálogo lento e penoso. Não acreditando em trabalho, ele se torna assaltante; não acreditando em diálogo nem em democracia ou em parlamento, alguns entram para a guerrilha. Quando no poder, ou em busca dele, chega a matar companheiros que não rezaram a cartilha.

A impaciência acaba dando espaço para ditaduras de direita ou de esquerda. Pegar em armas para defender um povo deveria ser o último recurso da comunicação. Às vezes, é o primeiro... É próprio dos ditadores não ter paciência e implementar à força o que pessoalmente acham que salvará seu país. Quase sempre o empobrecem ainda mais. Estudemos a maioria das ditaduras do mundo e vejamos quais delas progrediram e quais empobreceram seus povos. Em algumas, ainda que submisso, ao menos havia parlamento. Em outras, governava-se por decreto: relação imposta.

Verbos da comunicação

Para uma boa e correta comunicação, ninguém pode esquecer de quatro importantes verbos da comunicação humana: **agir**, **relacionar**, **reagir** e **interagir**. Não é correto separar:

> **ação** de **relação;**
> **relação de reagir;**
> **reação** de **interagir.**

A Palavra de Deus, desde o primeiro ao último livro, nos ensina, nem sempre de maneira pedagógica, o verbo comunicar. No Gênesis, Deus fala consigo mesmo, muitas vezes no plural: *façamos!* É uma pessoa? São mais pessoas? É plural majestático?

Em determinado momento, fala com Adão. A primeira fala de Adão foi de encantamento com a mulher. Fala para si mesmo decidindo como a tratará. Acaba de receber uma companheira, mas não agradece a Deus. Quando cometem a primeira transgressão, Deus fala, exigindo atitude. Adão culpa Eva, e esta culpa a serpente (Gn 1,9-13). São punidos. Terão que se virar diante da natureza. Em discurso duríssimo, o que se lê em Gn 3,9-14?

> **à serpente:** maldita serás mais que toda a fera, e mais que todos os animais do campo; sobre o teu ventre andarás, e pó comerás todos os dias da tua vida. E porei inimizade entre ti e a mulher, e entre a tua semente e a sua semente; esta te ferirá a cabeça, e tu lhe ferirás o calcanhar.

à mulher: Multiplicarei grandemente a tua dor, e a tua concepção; com dor darás à luz os filhos; e o teu desejo será para o teu marido, e ele te dominará.

ao homem: Porquanto deste ouvidos à voz de tua mulher, e comeste da árvore de que te ordenei, dizendo: Não comerás dela, maldita é a terra por causa de ti; com dor comerás dela todos os dias da tua vida. Espinhos e cardos também te produzirá; e comerás a erva do campo. No suor do teu rosto comerás o teu pão, até que te tornes à terra; porque dela foste tomado; porquanto és pó e em pó te tornarás.

Num gesto de quem pune, sem deixar desamparado, Deus lhes dá o que vestir (Gn 1,15-24), mas terão que se virar, agora que, ao invés de *homoi* (semelhantes), acharam que poderiam ser *iguais* a Deus. Aí estava toda a trama narrada pelo escritor: o semelhante truncou a comunicação entre ele e quem o fez. Quis ser mais do que um simples criado. Revelou-se malcriado.

11

DEUS SE COMUNICA?

A noção que temos de Deus é que Ele se comunica conosco, mesmo que nós não nos comuniquemos com Ele. Ele o faz, e bem. Nós nem sempre captamos o que Ele comunica. Por conseguinte, mais deturpamos do que acolhemos sua mensagem. Damos sempre um jeito de fazê-lo dizer o que gostaríamos que Ele dissesse.

Dos filhos de Adão até nossos dias, de Set, Caim, Abel até hoje, a comunicação entre o homem e Deus, a de Deus com os homens e a dos homens e mulheres entre si é descrita e profetizada como conflitante. Milhares de vezes o homem recorre à mentira, à deturpação, à morte, à violência, à meia-verdade para conseguir seus objetivos. E põe embaixo a assinatura de Deus. Basta uma breve leitura da Bíblia e do Corão para vermos as várias mensagens conflitantes do mesmo Deus.

Pessoa e personagem

O principal personagem da Bíblia é Deus, que fala bem menos do que seus profetas e comunicadores e que aparece muito pouco. Mas Abraão, Jacó, Moisés e Salomão aparecem o tempo todo... As narrativas dão a entender que talvez não tenha sido uma visão, mas sim uma projeção dos videntes. Salomão acabou adorando falsos deuses após ter visto duas vezes o verdadeiro Deus... Moisés não podia vê-lo. Deus lhe deu sinais. Abraão o teria visto algumas vezes, mas em forma de três pessoas, ou de anjos. Não fica muito claro se é Deus ou se são projeções do autor, para mostrar que Deus estava agindo.

Mais adiante, os profetas dizem que desejam ver seu rosto, que o ouvem, mas que Deus não é visível. No Novo Testamento, lê-se que a Deus ninguém jamais viu. Jesus o via porque fazia parte Dele: Ele e o Pai eram um...

***

A comunicação com Deus é truncada, feita de

Agir
Relacionar
Reagir
Interagir

mas sempre a partir do limite e do finito.

Os evangelhos dizem que o Pai amou tanto o mundo que mandou seu Filho para interagir com as pessoas. Se Deus pode ser um só em três pessoas, três ou mais pessoas podem aprender o diálogo aproximador. Aí está a essência da encarnação. Ele se relacionou primeiro e, de relação com relação, foi propondo a relação correta. Esta relação com Deus, simbolicamente retratada desde o primeiro casal, errada ou certa, fez surgir as religiões. Os mestres das religiões ensinavam e ensinam que Deus agiu por meio de sinais e de profetas para nos ensinar a conviver.

Cada nova religião ou igreja que aparece tem o mesmo discurso:

> O jeito é este e eu estou ensinando este jeito! Vocês serão felizes se fizerem isso! Venham aprender o novo jeito! Ele nos foi revelado pelo Espírito Santo e nós o conhecemos!

Ligue o rádio e assista no YouTube, veja se não é isso o que os pregadores da maioria das religiões proselitistas anda a dizer. Observe o discurso dos templos, das ruas e das concentrações e veja do que se trata: da comunicação essencial que aquela igreja diz que conhece.

> Sereis felizes
> Sereis mais amigos de Deus
> Podereis mais do que agora.

É sempre a mesma tentação de Adão e Eva: achar a chave do bem e do mal, descobrir o fruto essencial da árvore principal do centro do Paraíso. As pessoas mudam de religião e de Igreja ou deixam um grupo em busca de outro porque acham que lá encontrarão mais dessa essencialidade:

> Lá serei feliz. Estarei fazendo o que desejo! Aqui não me realizo!

Religião é o processo de estabelecer relação com Deus e com as pessoas. Mas a relação estabelecida nem sempre é sólida. Por isso, a Crítica e a Prática de Comunicação das Igrejas, vale dizer, das religiões, passa pela crítica do processo de estabelecer relações humanas. *O problema não é com Deus. É conosco.*

12

O JOGO DE ESCONDE-ESCONDE

Bart D. Ehrman, declaradamente ex-pastor evangélico e ex-pregador, além de biblista famoso, escreveu muitos livros de crítica da Palavra. Numa de suas obras, escreve o seu próprio processo de busca dessa comunicação e a intitula *O problema com Deus*. Não é o Deus da Bíblia e do Alcorão que tem um problema conosco. Somos nós que temos um problema com ele. Não o captamos de maneira suficiente ou satisfatória. Muito do que está dito naqueles textos é contraditório. O que ali é essencial?

Tiamat e Marduk

A busca contínua do diálogo e o questionamento de tal diálogo podem ser lidos no livro de Jack Miles: *Deus, uma biografia*. O que pode ser Deus falando? O que não pode? Deus manda matar? Deus é *Tiamat* (irado e vingativo) ou é *Marduk* (bom e compassivo)? É justo e pune ou é misericordioso e perdoa? É ausente e nunca se revela ou se revela e mostra seu rosto? Dá sinais ou não dá sinais? Manifesta-se ou esconde-se?

Uma leitura da Bíblia mostra este jogo de esconde-esconde:

> Estou aqui! Não me acharás! Onde estás? Não acredite em que diz que sabe!... Vi Deus! Nunca ninguém viu Deus! Shekinah, Emanuel, Deus revelado, Deus oculto, Deus achado, Deus não achado!

Por isso mesmo quem afirma que viu e ouve Deus exerce fascínio sobre a massa, menos dada a estudos e reflexão. Prefere o discurso: *Deus me falou, Jesus está me dizendo neste momento, Jesus me disse, o Espírito me revelou...*

Alguém aparece ousadamente a dizer que sabe, viu, ouve e conduzirá quem o seguir! Jeremias (Jr 14,14; 23,1-40) e Jesus (Mt 23,1-39) alertam contra esses falsos essencializadores. Em resumo, os "ai deles" de Jeremias estão resumidos na frase: "Não mandei esses profetas, contudo eles foram correndo; não lhes falei, contudo eles profetizaram" (Jr 23,21).

Nos "ai deles" de Jesus, o recado também é claro em Mateus 23,1-39 e em Mateus 14,14-26:

Não creiam neles. Não conhecem o essencial. Não os sigam.

13

RELAÇÃO DE VERDADE

Está claro nas doutrinas das igrejas, baseadas na Bíblia, que quanto melhor a pessoa se relaciona **1) com os outros, 2) com Deus** e **3) na verdade**, melhor e mais santa esta pessoa fica. Ao dizer "vinde e vede!", Jesus interagiu. Quando disse "eu vim do Pai" e "irei para o Pai", Ele falava de sua relação conosco e com o Pai. Quando mandou checarem o que Ele fazia, para acreditarem, ao menos, nos seus atos, uma vez que não aceitavam no que dizia, aprofundou a relação. Provocou a busca da verdade.

Ainda: ao dizer "vinde a mim vós que estais sobrecarregados", ensinava a criar relações. Em Mateus 25,31- 46, Jesus mostra o que é essencial para a salvação: **relações de compaixão**.

> E quando o Filho do homem vier em sua glória, e todos os santos anjos com ele, então se assentará no trono da sua glória;
> E todas as nações serão reunidas diante dele, e apartará uns dos outros, como o pastor aparta dos carneiros as ovelhas;
> E porá as ovelhas à sua direita, mas os bodes à esquerda.
> Então dirá o Rei aos que estiverem à sua direita: Vinde, benditos de meu Pai, possuí por herança o reino que vos está preparado desde a fundação do mundo;
> Porque tive fome, e destes-me de comer; tive sede, e destes-me de beber; era estrangeiro, e hospedastes-me;
> Estava nu, e vestistes-me; adoeci, e visitastes-me; estive na prisão, e fostes ver-me.
> Então os justos lhe responderão, dizendo: Senhor, quando te vimos com fome, e te demos de comer? ou com sede, e te

demos de beber?
E quando te vimos estrangeiro, e te hospedamos? ou nu, e te vestimos?
E quando te vimos enfermo, ou na prisão, e fomos ver-te?
E, respondendo o Rei, lhes dirá: Em verdade vos digo que quando o fizestes a um destes meus pequeninos irmãos, a mim o fizestes.

Jesus foi às pessoas e só depois pediu para estas irem a Ele. Fez *kenosis* ao dar o primeiro passo. Por isso João diz que foi Deus quem amou primeiro (1Jo 4,19). Em alguns casos, as pessoas não pediram, mas Jesus primeiro agiu, para depois ensinar a interagir.

Ele ensinou aos discípulos o vinde e o ide. A eucaristia dos católicos é toda vazada no "Vinde e vede, Ide e anunciai".

Isto seria essencializar! Não estamos no periférico e sim no centro da questão.

Por Cristo, em Cristo e com Cristo
Pelo e para o outro, no outro e com o outro.

Relação tempestuosa

Uma sugestão de boa leitura sobre a maneira como Jesus criava relações é a obra de John Dominic Crossan, *A Última Semana*. Naquela época, 90% das pessoas para quem Jesus pregou moravam em aldeias e vilas. Eram vítimas dos novos latifundiários, muitos deles religiosos de oração diária e membros da elite, moradores da cidade, que compravam a terra dos mais pobres. Estes ficavam trabalhando na terra que não era mais deles, porque não tinham como manter, tal o peso dos impostos dos invasores romanos e dos colaboradores locais.

A relação com o templo e com as autoridades azedara. Por isso os coletores eram tão odiados. Não se questionava o templo, mas sim seus administradores. *O que acontecia lá não era mais o louvor essencial.* O dinheiro tornara-se central naqueles dias: o dos romanos e o do templo. Quem pagava era o povo. Já se disse que, tudo somado, o povo pagava quase 60% de impostos para viver... Não era muito diferente do Brasil atual, em que os deputados aumentam seus salários em 60%, com mais benesses, enquanto o salário mínimo some apenas 6%... Detalhe: tudo somado, estamos como estava Israel no tempo de Jeroboão, em 750 a.C., e no tempo de Pilatos, Anás e Caifás, no ano 30 d.C. Não havia como reagir.

Discurso contundente

Se o discurso de Jesus não era aceito naqueles dias, o discurso social da Igreja Católica também não é no Brasil de hoje. Como naquele tempo, havia os religiosos que concordavam com a política local e os que discordavam. Jesus era dos que discordavam. Nada diferente, como já dissemos, dos tempos de Amós, quando, no tempo de Jeroboão II, por volta de 750, em Israel, reino do norte, ele foi proibido de pregar no templo. Isaías era perseguido em Judá e ele em Israel. Pregavam justiça social e os poderosos de então achavam que aquilo não era religião. Condenavam a riqueza injusta de reinos que aparentemente iam bem, com um povo que ia mal.

A coragem de falar

Deu-se o mesmo com Jesus. Seu discurso de uma nova ordem e um novo reino não era somente isso, mas passava por isso. Releiam os “ais” de Jesus em Mateus, capítulo 23... Releiam Jesus aos religiosos que se relacionavam principalmente com quem lhes poderia dar mais dinheiro e que praticamente os extorquem com sua pregação (Mc 12,40). Adoravam os primeiros lugares, os títulos e as regalias... Tinham fugido ao essencial! (Mt 23,6).

Teologia da prosperidade e do conveniente

O dinheiro ia para o templo e o templo pagava os romanos. A religião tornara-se centro de arrecadação para o invasor. Este foi o motivo que desestabilizou a elite religiosa do seu tempo. Se o arranjo pelo qual os romanos há décadas nomeavam os sumos sacerdotes e assim controlavam a religião em Israel estava dando certo, quem ele achava que era?

Jesus sabia que existiam duas moedas: uma dos homens e outra de César. As citadas duras ações de Jesus no templo, na verdade, são maneiras de se criar relações corretas. Ao pedir que pagassem a moeda do César a César e dessem a Deus o que era de Deus, apontava-se para o essencial.

Em defesa do oprimido

Uma vez trouxeram-lhe uma adúltera para ser julgada por Jesus, que não era juiz em Israel. Era cilada! Não trouxeram o homem com quem ela cometera adultério. Mas, se foi flagrante, onde estava o outro culpado? Jesus se curvou e usou toda a sua capacidade relacional. Na relação, que também exige mudança de vida, Ele disse a ela que, sim, estava livre da morte, mas que não voltasse a pecar. Os acusadores foram embora porque o desafio de Jesus fora claro: *Não julgo dessa forma. Julguem vocês*. Ninguém teve coragem. Faltavam elementos essenciais.

14

ESSENCIALIZAR A FÉ

No livro *Deus e o Mundo*, o papa Bento XVI fala em **essencializar a fé e a vida**. É preciso buscar o que realmente é importante.

Antirrelação

Sabemo-lo de sobra. Basta ver a televisão e ouvir algumas pregações de cristãos no mesmo veículo. O programa BBB (*Big Brother Brasil*) vive de superficializar as relações. É, antes, uma sucessão de antirrelações. É um jogo de não se relacionar, não confiar, não mostrar a verdade, ainda que aparentemente mostrá-la; jogo de quem engana quem e quem derruba quem. A finalidade é destruir, cortar laços. Lá, nega-se tudo que o Evangelho ensina. Muitos católicos assistem e até pagam por isso. Quando a pessoa assiste a um programa como este, quase como um vídeodependente, há algo errado nesta pessoa que opta pelo superficial. Ao ter necessidade da fofoca, mostra que optou pelo vazio. Não se opor, é mostrar que não entendeu o Evangelho.

Religiosos BBB

Algumas pregações religiosas seguem o mesmo caminho: o da certeza e da garantia. Exibem-se na televisão! Garantem curas e milagres com tal ênfase, apregoam graças e exorcizam com tal certeza, que esquecem o essencial: a fé, a esperança e a caridade. No caso deles, o justo não vive da fé (Gl 3,11; Rn 1,7), mas sim das garantias de que Deus retribui a quem lhe dá. Sua pregação é a do toma lá dá cá. Não há gratuidade! E nela é que está a essência do amor!

15

RELATIVISMO PECAMINOSO

Nosso ministério e toda a catequese da Igreja visam ajudar as pessoas a se essencializarem. Jesus afirma que veio para que todos tenham vida plena, que Ele próprio é o caminho (Jo 14,6). **Isso não é superlativizar, nem relativizar. É pontualizar.**

O Papa Bento XVI combate, no livro *O Sal da Terra*, o superlativo e o relativo da fé, porque fere a relação verdade-fato. Por isso, reportando-se a Romano Guardini, fala em **essencialização** da fé. Nós poderíamos acrescentar: **tranversalização da fé**. Há uma viga-mestra que sustenta a construção. Há que haver uma viga-mestra que sustente o edifício da nossa fé. É preciso saber dar a importância correta às coisas, atribuir correto valor a cada uma delas: **isso é essencializar. Quem não sabe essencializar, perde o rumo da vida.**

Saber voar no escuro

As coordenadas do voo são essenciais para a ação. Não há piloto que não saiba disso. Sem elas, é melhor que não levante voo. É preciso saber escolher, pois a joia é algo de grande valor, mas seu lugar é no cofre.

Quando o padre tem paramentos lindos, mas sua pregação é um desastre, ele é um cristo de ouro falso. O essencial é o conteúdo com autoridade. Na missa, não podemos passar de 8 a 9 músicas, caso contrário, quem marca a missa é a banda. Uma missa não pode valer pelos cantos e pelo desempenho da banda e do coral, por mais bonito que seja o seu canto! O essencial é a catequese oficial da Igreja. Os movimentos estão ali para, por meio de suas místicas, tentar mostrar o essencial: a caridade, o diálogo com os demais grupos da Igreja, a construção de pessoas e do edifício da fraternidade. Quem isola o movimento e superlativiza o papel do seu líder, erra de mística e de Igreja.

Parcialização perigosa

Ser apenas renovados ou libertadores não é necessariamente sinal de que somos católicos. Excessivo acento na mística pode ferir a unidade. A unidade é que é essencial, e foi para isso que Jesus rezou. Em favor da unidade cedam os movimentos, se isto for preciso. **É de grande valor o verbo essencializar**. Nisso, a pessoa não pode se omitir. O padre não pode só gerar na fé, ele precisa educar e cuidar. A essência está no cuidar! Seria como a mãe que dá à luz e depois abandona o filho. O que a faz mãe não é o parto, mas os cuidados maternos.

16

DESATADORES DE NÓS

Uma das buscas essenciais da fé é a libertação da pessoa e da comunidade das opressões do mundo e do cotidiano. Milhões de pessoas não sabem se livrar das teias em que caíram. Evangelizar é ajudar a criar laços e desatar nós, reparar e consertar. Nascemos para comunicar o que é nosso, o que somos, mas também o que vem de Deus e do passado e que fez bem. A memória dos santos e redimidos é um dos vários fundamentos de nossa fé.

17

ECCLESIA

Ecclesia é a assembleia de quem se comunica e crê ter recebido a comunicação de Deus e deseja vivê-la. O fiel aceita a escolha e age como quem conhece o compromisso que vem com ela.

> Antes que te formasse no ventre te conheci, e antes que saísses da mãe, te santifiquei; às nações te dei por profeta. (Jr 1,5)
>
> E estendeu o SENHOR a sua mão, e tocou-me na boca; e disse-me o SENHOR: Eis que ponho as minhas palavras na tua boca. (Jr 1,9)
>
> Tu me seduziste eu me deixei seduzir. (Jr 20,7)
>
> E disse-me o SENHOR: Os profetas profetizam falsamente no meu nome; nunca os enviei, nem lhes dei ordem, nem lhes falei; visão falsa, e adivinhação, e vaidade, e o engano do seu coração é o que eles vos profetizam. (Jr 14,14)
>
> São ministros de Cristo? (falo como fora de mim) eu ainda mais: em trabalhos, muito mais; em açoites, mais do que eles; em prisões, muito mais; em perigo de morte, muitas vezes. (2Co 11,23)

Mais do que glória, o que há na **ecclesia**, assembleia dos eleitos, é a responsabilidade. *Eu te chamei e te envio!* (cf. Mt 4,19). *Quem não tomar sua cruz, não é digno do meu chamado!* (cf. Mt 10,38). Depois de criar laços dos fiéis com Deus, é tarefa sua ensinar as pessoas a criarem laços entre si. Sem isso, não há igreja. Outra vez estamos no essencial. Não basta o *Senhor, Senhor* (cf. Mt 7,21). Há que haver o cuidado pelos pequeninos ou apequenados e oprimidos.

Mais do que orar juntos

Esses elementos não podem estar ausentes. Só rezar não é o suficiente para entrar no Reino dos Céus. Não existe isso de se **relacionar somente** com Deus. Se existir, é uma forma de paganismo (Mt 7,15-22). Por isso, cantar que queremos amar **somente** a Deus é negar a segunda razão fundamental do cristianismo. Uma não existe sem a outra. O segundo mandamento é semelhante ao primeiro! João chama de mentiroso quem diz amar apenas a Deus (1Jo 4,20).

Mateus, em 5,23, diz que é preciso deixar sua oferta diante do altar, caso a paz esteja em risco. A oração é colocada novamente em seu devido lugar. Só é válida quando há transversalização. Quando vai de alguém para alguém por causa de alguém. Um texto interessante é o do livro de Jack Miles, *Deus, uma biografia*:

> A religião da antiga mesopotâmia conhecia uma categoria de deuses com os quais se lidava nesse nível (personalista e pragmático) (Se eu crer nele, o que ganho com isso?). Era o deus pessoal tipicamente designado pelo nome de seu cliente (O deus de fulano... O deus de beltrano. O Deus de Abraão, de Isaac e do Jacó). A autoridade do deus pessoal era pequena, mas sua responsabilidade para com o seu adorador-cliente era enorme. (MILES, 2009, p. 85)

Jesus propõe no Pai-Nosso uma relação com Deus por parte de alguém menor, mas em diálogo. Quando os discípulos lhe pedem uma oração essencial, Ele lhes dá parte do "Hagadah", oração que já existia, mas que Jesus ofereceu com o acréscimo da responsabilidade do perdão. Esta parte do "perdoai nossas ofensas" não estava no "Hagadah".

O papel de Jesus foi essencializar: dar ênfase ao mais importante. Todo discurso de Jesus, seja com as pessoas ao seu redor, seja com o Pai, era essencializador.

18

O FIM DO CATOLICISMO?

Predizer e desejar a morte da mãe do outro, enquanto ele é convidado a aceitar a nossa mãe como sua, é desvio de conduta. O mesmo desvio cometem os que, membros de uma igreja de menos de 1 milhão de fiéis, desejam e anunciam o fim de uma igreja com 1 bilhão e duzentos milhões e convidam os fiéis da igreja que se deseja morta a virem adorar com eles. Equivale a dizer: somos poucos, mas somos os melhores. Depois de Jesus e da sua proposta de fraternidade, não há como aceitar semelhantes arroubos.

Corre, pela internet, uma "profecia" que anuncia para breve o fim do catolicismo romano. Mais uma agressão a nós, que, mesmo acreditando no ecumenismo, de vez em quando somos obrigados a ouvir tais arroubos e ainda ver pregadores quebrando com desprezo as nossas imagens, além de fiéis invadindo nossos santuários dedicados à mãe de Jesus.

Cristãos insensatos

Dirão que alguns católicos também os ofendem, o que infelizmente é verdade e altamente condenável. Mas nada disso justifica o comportamento desses cristãos irados. Nem dos de cá nem dos de lá. A imensa maioria jamais diria ou faria tal coisa. São cristãos sensatos. Aqueles perderam a graça da comunicação.

A profetiza que anunciou o fim dos católicos foi entusiasticamente aplaudida pelos fiéis presentes. Andou "bombando" na internet. Na verdade, ela apenas repete o que milhares de pregadores antes dela fizeram, por razões ideológicas, religiosas ou políticas. Mas o catolicismo não acabou e os corpos dos tais profetas, se ainda existem, estão em algum túmulo, esperando a ressurreição na companhia do filósofo Voltaire, que também propunha que a "infame" fosse esmagada. Ele também queria o fim do catolicismo. O fim dele veio muito antes e parece que nem mesmo existe uma igreja voltairiana. Sua ira não colou!

Católico respeita

Católicos de hoje são proibidos de querer o fim de outras igrejas. Encíclicas como a Ut Unum Sint, de João Paulo II, deixam claro que agressões e ofensas como as do tempo da Reforma e da Contrarreforma ficaram para trás. Os livros daquele tempo vazavam ódio, tudo em nome da verdade mais verdadeira. É triste lê-los. Continua triste ver e ouvir algumas pregações que garantem que nossa Igreja será derrotada.

Aos católicos não é permitido falar dessa forma. Sei disso porque leciono "Prática e Crítica de Comunicação nas Igrejas". Se um católico expressasse suas ideias da mesma maneira que certos padres e pastores seriam, no mínimo, chamados à atenção por seu bispo. Não é por aí que se evangeliza. Alguém diga isto a estes pregadores. Se queriam ofender, conseguiram! (Mt 5,22; 7,2).

19

IGREJAS SEM AUDIÊNCIA

Faz 30 anos que optei pela mídia religiosa. Espero que ela cresça e, por menor que seja minha contribuição, quero minha Igreja com mídia forte e mensagem maior do que o mensageiro! Mídia forte, para mim, inclui jornal, televisão, rádio e sites ou tuítes que repercutem e servem de referência para formadores de opinião.

Já tivemos esta força. A palavra do papa e a dos bispos chegava aos países, pois era divulgada pela mídia laica e não religiosa. Mas os enfoques mudaram. Estamos cada dia mais pregando para o último fiel do último banco, muitos dos quais não nos ouvem. Dirão que é culpa nossa. E é! Conhecemos a língua, mas perdemos a linguagem!

O fato merece mais estudos! Mas mesmo os sacerdotes que frequentam outras mídias para cantar e, eventualmente, dar alguma entrevista, chegam a poucos. Divulgam-se melhor do que divulgam o pensamento católico. Numa entrevista, ele vem coarctado, fractal e parcelado ao sabor dos entrevistadores.

Por escolha minha de ficar na nossa mídia, não chego longe, nem mesmo os católicos que cantam minhas canções conhecem meus escritos. Entre nós, como entre a maioria dos brasileiros, vê-se muito, ouve-se muito e pouco se lê! Mas foi escolha pessoal. Eu sabia da escolha que fazia!

Alguém dirá que fiz a escolha errada e que deveria ir à grande mídia dos outros e repercutir como pessoa, para depois repercutir como pregador. Afinal, Paulo foi ao Areópago e disse que os apóstolos eram dados em espetáculo ao mundo... Citações bem escolhidas, mas erradamente interpretadas.

Uma leitura do texto anterior e posterior a estas frases retrata o oposto de uma vida sob os holofotes. No capítulo 4, de 1 a 21, o tema é "martírio em vida!" Não é nem autoexposição nem preeminência. O que está em jogo é a dura missão de alguém que diz o que deve ser dito e, por isso mesmo, não é aceito pelo mundo, às vezes nem pela própria comunidade.

Mídia de muitas faces

Entendo que a mídia tem muitas faces. Se você agradar ao entrevistador, terá uma entrevista suave. Se diz o que não o agrada, ele saberá tornar sua vida difícil. Houve tempos em que a palavra da Igreja era agradável, numa situação política que exigia porta-vozes do povo e das liberdades. Estávamos sem democracia. Por isso, aqueles bispos e sacerdotes repercutiam também na mídia não religiosa. Ousavam enfrentar a ditadura e defender a volta aos direitos humanos.

Hoje, boa parte da mídia se revela seletiva. Não precisa mais do concurso da Igreja. Convida o religioso que vende mais mensagens, com obras que passem dos três milhões de exemplares. Não se importa muito com a bagagem do pregador. É o fenômeno ao inverso. Os famosos de ontem que a mídia procurava causavam impacto, mas não vendiam. Os de hoje, vendem e causam frisson, mas não causam impacto político nem social. Quem converteu quem? O religioso converteu o marketing ou converteu-se ao marketing? Existe marketing da fé? Católicos e evangélicos que o preconizam conseguem torná-lo essencialmente verdadeiro ou, como todo marketing, ele também é seletivo?

Diálogo seletivo

A mesma pergunta deve ser feita aos que atingem milhões de pessoas com a mídia religiosa. Converteram quem para quem? Ganharam mais ouvintes e telespectadores? E, estes, foram aos templos? Quais templos, além daqueles onde o famoso pregador midiático prega? Indo ao templo, procuraram o quê: o pregador famoso ou a pregação famosa? Por que o fiel vai a lugares de oração? E por que vai ao lugar do pregador de televisão? Vai por ele ou pela mensagem, mesmo que o pregador seja outro? Vai a lugares de oração serena ou a lugares de pessoas famosas que causam impacto? Os grandes nomes da mídia religiosa, hoje, entre padres e pastores, transmitem que tipo de doutrinas? Devem os fiéis e eles mesmos pensar nos impactos que causam e nos seguidores que cativam?

Em função do pregador

O fato é que hoje muitos templos funcionam em função do pregador e não da mensagem que ali se desenrola. Há milhões de fiéis que se deslocam mais por conta do pregador do que da mística e da mensagem que sai de sua boa. O mensageiro se tornou maior do que a mensagem. E quando o mensageiro se calar, que chances terá a mensagem que ele prega? Incômodas perguntas!

20

O PREÇO DA COMUNICAÇÃO

Um excelente livro de 2015, chamado *Por uma outra comunicação*, organizado por Dênis de Moraes, traz-nos alguns dados impressionantes. Nele, lemos que o mundo tem 40 mil empresas transnacionais, mas 0,3% delas são tão poderosas que detêm a terça parte do estoque de capital do mundo. Das 100 maiores, 32 são americanas e 19 japonesas. A receita anual das 220 maiores corporações do planeta soma US $ 7,1 trilhões, isto é, mais do que 80% do dinheiro do mundo. As matrizes delas situam-se no antigamente chamado grupo G-8. O campo da comunicação e dos direitos de utilizar alguma obra é uma das riquezas que mais geram dividendos para estes países. Vinte conglomerados faturam entre US$ 5 a 35 bilhões só com a indústria da mídia global.

Dois terços das informações e do conteúdo cultural disponíveis no planeta são veiculados por estas vinte empresas, que possuem estúdios, produtoras, gravadoras, distribuidoras, parques de diversões, TVs abertas e pagas, emissoras de rádio, revistas, jornais, serviços *on-line*, portais e provedores de internet, vídeos, videogames, jogos, *softwares*, CD-ROMs, DVDs, equipes esportivas, megastores, agências de publicidade e marketing, telefonia celular, telecomunicações, transmissão de dados, agências de notícias e casas de espetáculos. Só a VIACOM controla 40% da TV norte-americana e 150 estações de rádio. A MTV, um de seus canais a cabo, alcança 400 milhões de lares em 164 países. A Simon & Schuster é a *holding* de 10 editoras que publicam, por ano, 2.100 títulos.

Ler estes autores competentes e bem informados pode mudar nossa opinião a respeito da democracia. Alguém com enorme poder econômico está fazendo a cabeça da humanidade e, por mais esforço que façam, não são as religiões nem as escolas. É a indústria da comunicação que se vale da publicidade para quase tudo, por isso quer o lucro 400% acima do custo de seus produtos, pois divulgar uma canção ou uma marca custa caro. Nós pagamos também a divulgação do tênis ou da bebida que compramos.

Não foram eleitos

Donos do dinheiro, que não foram eleitos por nós, conseguem direitos de vender e negociar num país onde os cidadãos que elegemos não têm outra escolha senão permitir que venham, porque, caso contrário, o país não terá a telefonia, a informação, os espetáculos, o conhecimento ou aqueles bens que o resto do mundo possui. Saber alguma coisa hoje custa caro. E quem fornece conhecimento, diversão e comunicação aufere um lucro fantástico. O discurso da vida, que por muito tempo esteve nas mãos dos religiosos e educadores, está nas mãos desses homens. O que você quer saber passa por eles e custa muito dinheiro. É por isso que um livro que poderia custar 8 reais acaba custando 80. Aquele conteúdo tem preço!

21

PADRES E LEIGOS MIDIÁTICOS

Distingamos entre pregadores “na” mídia e pregadores “de” mídia. Estar num trem de vez em quando não é o mesmo que pertencer aos quadros e pautar sua ação neste veículo.

Alguns pregadores entendem que sua missão, hoje, é anunciar Jesus por meio da mídia, não importa seu alcance ou se pertence a outros, a ateus, aos não religiosos ou, eventualmente, a outra igreja. Este é seu púlpito principal, e declaram-se vocacionados a trabalhar na mídia. Entendem que Deus os quer pregando aos ausentes, à multidão que só tem olhos e ouvidos para o rádio e para a televisão. Então, é lá que irão para chegar a estes. Com que mensagem, já é outro questionamento. Querem chegar. O que dirão lá, se é eclesial, catequético, conforme a doutrina abrangente da Igreja, é um outro assunto.

E há o pregador “na” mídia. Este eventualmente irá, posto que não se sente chamado a evangelizar a maior parte do tempo a partir dos meios de grande alcance. Entende que deve servir ao pequeno rebanho, fortalecer a comunidade, lecionar, cuidar da paróquia. Não deixa de dar a sua contribuição diante do microfone ou das câmeras, mas **como está no mundo sem ser do mundo, quer estar na mídia sem ser da mídia.**

Opção pró-mídia

Há o pregador de mídia, que está lá porque tem capacidade, tem visão abrangente e os superiores lhe pediram que se tornasse "de" mídia. Ele o faz sem vaidade e sem apego. Gosta, mas se lhe for pedida outra missão, irá feliz. Ser "de" mídia não o prende ao veículo. E há o pregador de mídia que faz qualquer coisa para estar lá, rompe, conflita, oferece seus préstimos, marca presença porque deseja aquela missão e a conquista. Em resumo: uns estão lá por convite e obediência, em nome de sua diocese, ordem ou congregação – diga-se o mesmo das mulheres –, e outros estão lá porque buscaram aquela missão, conquistaram aqueles microfones e câmeras. Os superiores acabaram aceitando...

Errado? Certo? Se for mística, serviço desprovido de vaidade pessoal, é elogiável. Se for fruto de deslumbramento – e é visível na pessoa a ânsia por autoexposição e pelo brilho dos holofotes –, seus amigos mais próximos devem questioná-la; quem tiver alguma autoridade, que não se omita. Acontecerá com eles o mesmo que sucedeu a cantores deslumbrados que apareceram demais na mídia sem o lastro de cantores. Ninguém guardou as canções que eles cantavam. Ficaram seus rostos, o que é muito pouco para quem queria que sua canção permanecesse. **Apareceram muito, mas sua mensagem não colou. A imagem prejudicou a transmissão da mensagem.**

22

O FENÔMENO DO PREGADOR MIDIÁTICO

O tema é relativamente novo para ser analisado na sua devida extensão. Há vários sacerdotes artistas no mundo, muitos deles no Brasil. Antes que alguém os condene, é bom saber por que estão lá, o que dizem e que tipo de catequese querem transmitir, porque este é o cerne da questão: **por que razão estão lá e para que vão lá.**

Diga-se o mesmo daquele leigo que todos os dias evangeliza no rádio ou na televisão. Que doutrinas ele transmite? Quais os seus enfoques, ou tem ele apenas um: o do seu movimento? Falando a milhões de católicos, abre-se ele para os outros carismas de outros movimentos, ou tudo o que ele diz enclausura-se no seu lindo e maravilhoso movimento? Franciscanos devem o tempo todo falar de Francisco e de Clara? Beneditinos devem o tempo todo falar de São Bento? Devem os jesuítas falar o tempo todo de Santo Inácio? Seus vocábulos trairão sua filiação total à sua ordem, ou ela serve como plataforma para que voem e mergulhem nos outros mistérios da fé e da Igreja?

O nascer de um novo ministério?

Talvez sejamos espectadores do nascer de um novo tipo de sacerdote ou leigo católico: o sacerdote ou catequista midiático, que não tem medo de se expor aos olhos de milhões de pessoas, via rádio, televisão ou internet. No passado, houve muitos que se aventuraram pela mídia, mas em pequena escala, esporadicamente, sem grande exposição.

A Igreja assiste hoje ao nascer de uma nova experiência, vivida também pelo Papa João Paulo II. Ele soube, como ninguém, fazer uso da mídia. João Paulo II foi à mídia sem fazer média. Disse o que queria dizer enquanto a mídia o mostrava a um determinado país ou ao mundo. Não trepidou nem fez discursos *lights*! Não fez o jogo da mídia. Falou o que achou que deveria, com ela ou sem ela presente. Mas valorizou a mídia que respeita o entrevistado e que se abre para os pequenos e os sem voz.

***

No Brasil, a presença dos padres na mídia tem crescido cada vez mais. Não são poucos os sacerdotes com presença marcante e constante na mídia regional e nacional. Há muitos deles e também há muitas vocações para o ministério junto aos meios. Devem ser incentivados, desde que não caiam no narcisismo, no estrelismo e num marketing onde tudo convirja para eles.

Os que hoje repercutem terão que provar, com seus atos e com seu conhecimento e cultura, que estão no lugar certo e que são pessoas talhadas para a missão. Não é um caminho fácil para um sacerdote. Hoje, a mídia traz fama, dinheiro, protagonismo. Ela vende o personagem. Alguns acabam por necessitar de guarda-costas. A vaidade é uma terrível tentação. Facilmente se esquece da razão pela qual se vai à mídia. Quem não rasga suas vestes como fizeram Paulo e Barnabé (At 14,14) ao sentirem-se adorados e idolatrados, quem não pede que desviem dele os holofotes e aceita o jogo da mídia, que vende a pessoa para vender seus livros e discos, montou em cavalo xucro. A mídia tem vida própria e está sujeita às leis de mercado, de audiência e de sobrevivência. É mais fácil o pregador se dobrar a ela do que ela se dobrar ao pregador.

23

MINISTÉRIO MIDIÁTICO

Um dia, talvez, os bispos criem este ministério e nomeiem sacerdotes para esta função altamente sacerdotal, como hoje se nomeia o exorcista, mas terá que haver regras, exame de competência e, pelo menos a cada cinco anos, um exame *de universa* para que exerçam lá o seu mestrado.

Falar para tanta gente e expor a própria imagem todos os dias para milhões de católicos equivalem à função de professor universitário. Você não põe para lecionar a pessoas de grande cultura e, ao mesmo tempo, a pessoas simples, um catequista que não demonstra cultura, leitura e preparo adequado. Unção é critério, mas não pode ser critério abrangente. Repito e insisto: **Unção é critério, mas não pode ser critério abrangente.**

Muito tem sido investido, por parte da Igreja, na formação para a comunicação. O Papa Francisco e a Conferência Nacional dos Bispos do Brasil (CNBB) têm se preocupado bastante com a forma de usar os grandes meios digitais dos dias atuais. A Comissão Episcopal para a Comunicação da CNBB tem legislado e orientado sobre o assunto. No entanto, ainda percebemos muito amadorismo nesse meio. Vai lá quem quer ir, e encontre o seu espaço. Mas quem viver verá uma Igreja mais criteriosa na escolha de seus pregadores de rádio e de televisão. Eu aposto nesta solução, antes que a catequese morra à míngua nos lábios de quem não lê, não estuda e não cursa as matérias urgentes e necessárias para esta missão.

24

O DRAMA DA INCOERÊNCIA

Inhaerens, adhaerens e **coherens.** *Inerente, aderente e coerente* são três palavras que, a princípio, dizem pouco. Mas basta filosofar sobre elas para perceber que se trata de um conceito abrangente de vida. Morre por dentro quem não vive de inerências, adesões e coerências. Ou seja: vive mal quem não estabelece relações sólidas e inerentes na base do *quem com quem, em quem e para quem*; vive pior quem jamais se compromete e não adere a nada, trai, muda de parceria, vai com quem oferece mais, escapa da palavra dada e de compromissos que possam impedir seus projetos pessoais de felicidade pessoal; vive mal quem diz uma coisa e vive outra, ou mostra incoerência gritante em temas fundamentais da vida.

Incoerentes somos todos

Nunca um ser humano será capaz de inerência em tudo, de aderir a tudo ou de sempre ligar coisa com coisa. Nem tudo será inerente, por isso jamais viveremos a coerência absoluta. Marido e mulher, padres e pastores, papas e bispos, reis e áulicos, governo e oposição, amigos e colegas de trabalho sempre terão suas incoerências. Mas mede-se o grau de pertença, de inerência e o grau de comprometimento, portanto, de adesão, pela maioria de nossos atos.

Se na transversalidade de uma vida alguém pode ser visto como coerente, aquele que em quase tudo demonstra pessoa fiel, pessoa de palavra, não trai os amigos, cumpre o que promete, é confiável, não escolhe a si mesmo e até perde contratos polpudos e oportunidades inadiáveis para outros, este alguém é coerente. Se este alguém dá a palavra e a cumpre, se não troca de amores, não abandona casamento e filhos, nem deixa seu grupo religioso e, quando o faz, só o faz coberto de razões, as quais não são arbitrariamente decididas por este alguém, então estamos diante de uma vida coerente.

Coerente e sem grandes desvios

Coerente é o voo do avião cujo piloto seguiu a rota e não inventou de parar no aeroporto mais interessante para ele. Coerente é a rota do barco que cujo comandante, por mais que deseje parar em Lisboa, segue para Amsterdam porque a rota o exigia. Coerente é o casal que traçou um plano de vida a dois e nenhum se desvia deste projeto conjunto. Coerente é o pregador que jurou que iria junto e por nada neste mundo mudou de igreja ou de grupo religioso.

Dois tipos de dor

Elas doem, tanto uma como a outra, mas a dor da incoerência causa mais estragos na alma da pessoa. Mentir sabendo que mentimos, expor na vitrine um produto falso, mas que vende, dar a palavra e não cumprir **são coisas** que repercutem vida afora. Por isso, se alguém pretende cultivar alguma espiritualidade, comece pela palavra dada. Dizer e fazer, prometer e cumprir, mesmo que doa, é o começo da santidade. Deus é coerente! O pai da mentira é o diabo! Nada de bom pode vir de um "sim" que não é "sim" e de um "não" que não é "não". Foi Jesus quem disse que tal comportamento do céu é que não vem! (Mt 5,37).

25

SACERDOTES INFELIZES

Acontece em todas as religiões e em todas as igrejas. Soa como catástrofe. Alguém sente-se chamado a ensinar caminhos de felicidade e promover ajustes e acaba infeliz e desajustado. O Deus que ele anuncia não funciona para ele. Está infeliz, é infeliz e não consegue fazer os outros felizes. Pode ser enfermidade, pode ser lacuna no processo de formação. Pouco estudado ou culto, o fato é que precisa de ajuda e não aceita. Acha que não precisa. Mas todo mundo vê que seu pregador não é feliz. Os gestos e as atitudes o traem.

Insatisfação com o lugar, o ministério, a transferência, os estudos, a resposta do povo, a bebida, as expectativas frustradas, a promoção que não veio, a ingratidão, a preterição, a perda de motivação, a rotina, o abandono da leitura, o abandono da prece, o abandono da meditação, a rotina dos sacramentos, os sentimentos frustrados, tudo contribui para o azedume, o queixo caído, os sobrolhos crispados, as respostas bruscas, a impaciência, a ironia, as críticas, os queixumes e a murmuração.

E há o que persegue fama, diversão, mundanidades, conhece todos os vinhos, todos os *pubs*, todos os restaurantes finos, todos os teatros, todas as peças, todos os livros, todos os programas de televisão, mas tem dificuldade de atender o povo. Faz tempo que perdeu a gentileza e a paciência. E há o turista que viaja não para pregar, mas por viajar. E tira dias a três férias de 15 dias a pretexto de estudos que não faz. E há o sofredor, o silencioso que faz tudo certo, mas que por dentro não está feliz. Não sabe se lhe falta alguma coisa ou alguém. O fato é que não está feliz!

E há o investimento para os pais e para a irmã, o carro novo, a roupa estilizada, os amigos da alta roda, os ricos, os bajuladores, a indispensável cervejinha, as discussões, os gritos, as desfeitas, o silêncio e o mutismo...

Infeliz! Nada está bom, nada estará bom, nada vai dar certo. Lá ele não vai, isso ele não faz, desse jeito ele não quer! O bispo, o conselho e os superiores já não contam mais com ele. Deixam que faça o que quer, já que não faz o que deveria. E ele faz o que bem entende – e, mesmo assim, não está satisfeito. Falta alguma coisa que com tanto estudo e leitura ele não sabe dizer o que é. Cria uma comunidade e conflita com ela. Funda uma igreja e conflita com ela. Católico, evangélico ou pentecostal, seus colegas de ministério não sabem mais o que fazer por ele.

Há o que prega bonito quando o chamam. Falar ele sabe. Viver é que ficou difícil. Os casais percebem e oram por ele. Colegas oram, amigos oram. Mas ele não se apruma! Se alguém está errado, este alguém não é ele!

Já tentou falar sério com um deles? Então já sabe qual foi a resposta. Já tentou tirar da água alguém que perdeu as forças? Aconselhamento, direção espiritual, psicólogo? Quantos aceitam?

Faça de tudo para não perder a motivação dos primeiros dias e coloque na sua mente e no coração – se é que você consegue fazer a distinção entre os dois – a ideia de que foi ordenado para ser segundo e para servir; nunca procurar os primeiros lugares nem conforto, nem sonhar alto demais. Foi chamado para estar lá, com os mais carentes e com o povo; ajudar com ou sem maiores repercussões, com ou sem reconhecimento, com ou sem conforto e, se for o caso, sem troféu nem aplausos. Ser simples em tudo é uma salvaguarda poderosa contra a infelicidade. Não há fórmulas mágicas, mas a disponibilidade salva e direciona.

De um venerando sacerdote que passou a vida ouvindo e aconselhando sacerdotes, religiosos e religiosas insatisfeitos, ouvi, numa conferência, uma frase marcante a respeito de felicidade e infelicidade: "São mistérios administráveis pelo desapego". Não sei se entendi o alcance de sua filosofia, mas sei aonde quis chegar. Numa noite de tempestade, faltou energia na casa e acendi uma pequeníssima lanterna que tinha de reserva. O pequeno facho da pequena lanterna foi o suficiente para eu concluir o meu trabalho. Meu computador tinha carga para cinco horas... Armazenar pode ser o verbo!...

26

IGREJA MAL EXPLICADA

O amor é tanto que comemoramos anúncio, concepção, nascimento, momentos da vida, morte e ressurreição de Jesus. Também comemoramos concepção, nascimento, momentos de vida e morte de Maria, a mãe dele. Amor suscita memórias. Um amigo meu dizia que os católicos comemoram até o dia em que aconteceu o zigoto que seria Maria. Falava da festa de Imaculada Conceição de Maria. Não fiquei ofendido. Aproveitei para explicar qual o nosso conceito de vida e porque a festejamos desde o primeiro instante! **Igreja explicada faz muito mais sentido do que Igreja apenas proclamada.** Este é o erro de muitos pregadores que proclamam sem explicar! Cantam que são adoradores radicais, mas não explicam o que isto significa; cantam que querem amar somente a Deus, mas não explicam o que pretendem dizer com esta frase, que, em princípio, nega a doutrina cristã que jamais aceitaria a palavra **somente**...

A um desses irmãos aguerridos de outra igreja, quando tive a chance de explicar, expliquei o porquê desses nomes e dessas datas caras aos católicos. Se ele se satisfez, não sei, mas parou de discordar. Aceito ouvir as explicações deles, mas quero o direito de explicar os meus porquês. Não sou um crente visceral; sou crente cristão católico que estuda. Por isso celebramos os mistérios e as vivências de ontem e, neles, nossos mistérios e nossas vivências de hoje.

Anunciação, no dia 25 de março, por conta do anúncio feito pelo anjo a Maria. Ela seria mãe de alguém especial. Está nos evangelhos. **Imaculada Conceição**, no dia 8 de dezembro, porque, para nós, o primeiro instante de uma vida é sagrado. O primeiro instante da vida da mãe de Jesus, para nós, é motivo de festa. Está na Tradição. **Natal**, em 25 de dezembro, porque o nascimento de Jesus fez a diferença no mundo. Está nos evangelhos. **Natividade de Maria**, em 8 de setembro, porque, se o menino que dela nasceu não foi um menino qualquer, ela também não foi menina qualquer. Está na Tradição. Além de festejarmos sua concepção imaculada, festejamos seu nascimento.

Nossa Senhora das Luzes ou da Candelária, no dia 2 de fevereiro; das **Dores**, dia 15 de setembro, um dia depois do **Dia da Santa Cruz**, porque ela estava lá, aos pés do filho que morria. A iluminada é também iluminadora. Por isso oramos a ela para que ore por nós durante nossa vida e na hora em que estivermos morrendo. Ela viveu isso com o Filho!

Ascensão, datada alguns dias depois da Páscoa, porque ali Jesus se despediu prometendo que voltaria, mas nunca mais foi visto com os olhos da carne. Além disso, temos a **Assunção**, em 15 de agosto, porque seremos todos levados para o céu, para onde não podemos ir por próprias forças. Contudo, convém lembrar que Maria morreu de morte bem mais serena do que a nossa e que, para ela, o céu não trazia dúvidas. Foi passagem serena. Já tinha tido o céu no ventre. Nossa assunção é bem menos festiva. Morrer ainda nos assusta – isso porque não temos a correta dimensão de céu em nós.

Durante o ano, assim, temos mais de 40 dias especiais, nos quais lembramos algum mistério da vida de Jesus ou da vida de Maria associado à de Jesus. As doutrinas e os dogmas que cercam Jesus e seus santos, sobretudo Maria, para nós, são festas maiores ou menores, a depender do enfoque devocional desta ou daquela cidade ou paróquia. Pergunte a um católico devidamente instruído na fé e ele saberá responder por que ora, quem ora, como ora e por que celebra algum dogma ou acontecimento. Os que estudam menos sabem menos. Mas está tudo lá nos livros oficiais da Igreja. Creio e sei por que creio, celebro e sei o que celebro.

Perguntei a um grupo de católicos atuantes qual a diferença entre ascensão e assunção e entre Nossa Senhora da Conceição e Natividade de Nossa Senhora. Tiveram dificuldade de responder. Em algum lugar de sua formação, alguém se esqueceu de mergulhar nos porquês de nossa devoção.

Paróquia pedagoga

Agiu coerentemente o pároco de uma ativa comunidade católica quando escalou uma equipe de jovens para explicar, em letras grandes, num painel à entrada do templo, a cada festa, o que ela significava, e, no caso de santos, o resumo de sua vida, atuação e pensamentos. A mesma equipe foi encarregada de colocar uma breve placa de explicação diante de cada imagem que havia no templo, com a correspondente citação bíblica. Essa ação resgatou conceitos e fundamentou as celebrações.

Deixa a desejar a paróquia ou templo que, por anos a fio, apenas mostra imagens e celebra festas, sem jamais explicar a catequese que elas expressam. Resultado: temos sido uma Igreja mal vivida porque mal explicada!

27

AS ERAS CAÓTICAS

TRANSVERSALIDADE E LINEARIDADE
ESSENCIALIZAÇÃO
TRANSPARÊNCIA
COERÊNCIA
RESSUBLIMAÇÃO

São palavras densas. Apenas uma delas daria um grosso compêndio, tal a largueza dos conceitos. Autores como G. Duby, Gerald Messadié, Carl Sagan, G. K. Chesterton e Jean Baudrillard, ao escrever sobre coerência, desde o começo do século XX, apontam alguns períodos da humanidade como eras caóticas. **Caos**, entre muitos significados, também aponta para desorganização e desordem. Não se vê um **para que** nem um **para onde**. **Cosmo** seria o Universo em organização, com um de onde, um para quê e um para onde. **Caos** seria o Universo em explosão.

Eras caóticas são, pois, aquelas em que faltou o mínimo de transparência, transversalidade, coerência, governo e autoridade. Enfim, as lideranças não conseguiram criar cidadania e suficiente diálogo entre os grupos étnicos ou culturais. Não foi possível transformar ajuntamentos e grupos humanos em nações ou grupos com um objetivo comum. Eram barcos sem motores, sem velas e sem remos; naus à deriva.

Sobre estas eras, os autores lembram a falta de rumo, de liderança, de autoridade, de conceitos, de pensamento básico, de coerência. Já vimos que **coherens** seria o que combina; **aderens**, a parte que se cola à outra e com ela faz um todo; **inerens**, a parte que tem tudo a ver com a outra.

Coerentes são as partes que, mesmo não se colando para formar um só bloco, atuam juntas. Coerência seria, pois, união suficiente para se falar de um todo. Líderes precisam dessa coerência e só conseguem eficácia quando a despertam no grupo, uma vez que a incoerência é o maior fator de dispersão e dissolução dos grupos humanos.

Transversalidade

Os citados autores e centenas de outros falam da falta de transversalidade e de estabilidade de uma época, com a vitória de grupos instáveis, também eles sem projeto, sem programa e sem conteúdo, inescrupulosos e medíocres, porque não se pautavam pela verdade nem pela justiça. Mas não foram poucas as vezes em que os revoltados e insatisfeitos, mas instáveis e sem projeto, usurparam a liderança dos éticos que não tiveram poder o suficiente para dar um rumo ao seu povo e ao seu tempo. Enfim, os sérios, os transversais, os transparentes e bons perderam a liderança. Hitler foi o mais triste desses exemplos. Bin Laden, outro anti-herói a ser esquecido. Mandou gente morrer em seu lugar, fugiu da morte enquanto matou milhares em nome de uma política e uma fé vingativas. Não deu sua vida: tirou a dos outros para conseguir implantar no mundo o que ele chama de justiça.

Entre as eras caóticas, para melhor explicitar o caos, estes autores citam a economia, o mercado, a política, a religião, as artes e a vida familiar como exemplos, ou de organização ou de desagregação. Nesse quadro, um livro que recomendo é o de Jacques Attali: *Uma breve história do futuro.*

Por isso sempre com relação à arte de liderar, falava-se ontem e se fala ainda hoje de

Era da orgia
Era da pós-orgia
Era fractal
Era do visual
Era do virtual
Era midiática
Era egolátrica
Era idolátrica
Era da excrescência
Era da infidelidade
Era do acidental e do tangencial

São maneiras de analisar a falta ou o excesso de liderança. Falo de algumas delas. Aqueles a quem é dada a missão de liderar, a depender do que encontram, sofrem um tipo de martírio. Não se é líder sem grandes sofrimentos, porque a primeira coisa a que o bom líder tem que renunciar é a sua liberdade. Pe. Joãozinho, João Carlos Almeida scj, é muito feliz no seu livro *As sete virtudes do líder amoroso*. Sem ascese, não há liderança digna de credibilidade. Sem credibilidade, não se pode falar em liderança.

Quando as forças ao redor não cooperam e quando aglutinar fica difícil, liderar torna-se quase impossível. Essa situação me faz lembrar do Luiz Felipe Scolari, excelente treinador e campeão do mundo, que, em 2012, perdeu quase todas as partidas com o Palmeiras porque lhe faltaram jogadores nas posições-chave. Teve que rearranjar o time em função do que tinha e não do que sonhava. Faltava aderência e coerência. Sendo líder, ele conseguiu, mas teve que saber tirar o melhor de cada atleta. Ainda há muitos jogando sem transversalidade, tangenciais demais. Isso acontece quando cada um joga do seu jeito e nenhum do jeito do clube! Dá-se o mesmo nas igrejas, quando os pregadores dão um jeito de pregar suas doutrinas e devoções e não as da sua igreja, não hesitando em mentir para conseguir seus objetivos.

Transparências, aderências e coerências

Quando as transparências, as aderências e as coerências não funcionam, o Estado não funciona. Numa comunidade ou numa igreja, quando faltam a linearidade, o voo cruzeiro, a transparência, a noção do essencial, a aderência e a coerência, a pastoral não vai em frente. É como unir partes que não aderem porque nenhuma cola funcionou! Nada pega naqueles componentes porque cada um tem sua textura própria, é sem poros e impenetrável. Digamos que cada um tem o seu projeto pessoal e não há cola que o una ao que quer que seja.

Essencializar

Mais ainda, no dizer de Bento XVI, que cita Romano Guardini: sem essencializar não se chega ao objetivo. É necessário que fique claro para o grupo o que é essencializar. E como diz o Papa Francisco: "A beleza do Evangelho requer ser vivida – a unidade – e testemunhada em harmonia entre nós, que somos tão diferentes!". Neste essencial começa a ser desenhada a unidade do grupo, porque nele está a unidade de propósito pela qual vale a pena qualquer sacrifício e qualquer renúncia.

Vejamos algumas dessas eras.

Era da pós-orgia

Jean Baudrillard, no seu excelente livro *A Transparência do Mal*, descreve como pós-orgia o tempo que começou com os anos 1990 do século passado e que se estende até hoje.

Os anos 1960-1970 foram de orgia, como, de resto, foram outras épocas da História. Semelhante à Revolução Francesa, houve **desconstrução intencional** do que existia, uma espécie de implosão social, porque o que existia deixara de satisfazer um largo segmento da população. Foram eras revolucionárias, mas erráticas. Implodiu-se algo, ou tentou-se implodir para se reconstruir em outras bases, mas a reconstrução se processou sem projeto e sem solidez.

Nos anos 1960, quase tudo foi redimensionado. De lá para cá, entrou o consumismo. O *ethos* produção/trabalho foi suplantado e ombreado pelo *ethos* consumo/divertimento. Entrou a relativização da moral; o uso difuso da droga; a consolidação da mídia como poder onipresente; entrou a perceptível desconstrução da autoridade civil, religiosa e familiar. Foi uma era de rupturas.

Era de rupturas e rompimentos

Houve mudanças significativas e marcantes na música, nos hábitos alimentares, na dança, no uso do corpo, no traje, na nudez, na união familiar, na sexualidade, na vida doméstica, nos costumes em público, na religião, na comunicação. Desconstruída a autoridade familiar, religiosa e estatal, o corpo social adoeceu. Daí a onipresença do crime e da transgressão com traficantes e violentos a ocupar o lugar dos pais, da religião e do governo. O valor supremo tornou-se o bem-estar do indivíduo.

Nos anos 1960, com a explosão da mídia televisiva, mesmo sem internet e computadores, qualquer um podia criar qualquer coisa, qualquer arte, qualquer fala, qualquer canção, qualquer coisa. A mídia da época desempenhava um papel fundamental na ampliação dessas citações.

Se, com a nova mídia, a cultura e a informação chegaram mais depressa e a mais gente, também o fanatismo e o crime chegaram mais rápido. Ser líder em tempos de desobediência civil e religiosa generalizada é muito mais difícil do que em tempos de Estados e igrejas organizadas. Ser coerente depois que se chega ao poder é ainda mais desafiador. Porque o poder muda as pessoas e, em geral, as corrompe.

Neomoralistas

De certa forma, naqueles dias **acabaram-se os parâmetros, os paradigmas, as fronteiras e os limites**. E não é que tenham voltado! O mundo ficou no sinal verde do "tudo se permite e nada se proíbe" por quase quatro décadas. No Brasil fez sucesso a canção *É proibido proibir*. Na mesma época, nos Estados Unidos, Bob Dylan cantava:

> Os tempos, eles estão mudando
>
> Vamos lá, minha gente
> para onde quer que estejam indo
> Juntem-se e olhem as águas subindo ao seu redor.
> Comecem logo a aceitar o fato de que logo, logo
> estarão encharcados até aos ossos.
> E se acham que vale a pena salvar alguma coisa,
> então comecem logo a nadar,
> se não quiserem afundar como pedras...
> Porque os tempos, eles estão mudando!
>
> E vocês, escritores e críticos que profetizam com canetas,
> tratem de conservar seus olhos bem abertos.
> As chances não tornarão a acontecer.
> E não falem tão cedo, porque as rodas-vivas
> Ainda estão girando e ainda não dá para apontar nomes.
> Porque o perdedor de agora será o vencedor de amanhã.
> Porque os tempos, eles estão mudando!
>
> E vocês, senhores congressistas, façam-se
> o favor de ouvir este aviso
> Não bloqueiem as entradas nem atrapalhem os corredores
> Porque aquele que ficar ferido é o que vai ditar as regras

A batalha lá fora está pipocando
Logo sacudiremos as estruturas e abalaremos este país
Porque os tempos, eles estão mudando!

E vocês, papais e mamães de todo o país
Venham e não critiquem aquilo que não entendem
Seus filhos e filhas escaparam ao seu controle
O caminho de vocês está ficando cada dia mais velho.
Façam o favor de sair deste mudo novo,
se não sabem ser úteis a ele
Porque os tempos, eles estão mudando!

A linha que foi traçada já não serve como limite
O que agora vai devagar, logo, logo andará mais depressa
É que o que agora é o pior, amanhã vai ser o melhor
A ordem estabelecida está em agonia
Os que hoje são os primeiros, amanhã serão os últimos
Porque os tempos, eles estão mudando!

De lá para cá, o mundo ficou mais rico e os bens materiais chegaram a quase todo o mundo. A televisão cabe na palma das mãos, a internet está em relógios de pulso; em alguns países, há praticamente dois celulares para cada cidadão e as servidoras dificultam ao máximo o cancelamento de qualquer linha, porque a comunicação virou uma enorme ratoeira na qual se entra e da qual é difícil sair. Os programas exigem a compra de outros. Vendem a impressora por 200 reais e o tubo de tinta custa 300. As suaves prestações funcionam como suaves mentiras e suaves coleiras. A nova moralidade moralizou o quê, precisamente?

Neorreformadores

Os congressos não mudaram, as guerrilhas continuaram, a desordem até recebe subvenções. Os deputados do Brasil pobre ganham mais do que os deputados de países ricos. Lembro-me que, em 2011, seu novo salário atingia a absurda quantia de 203 mil dólares por ano. Hoje, ainda é mais absurda a quantia de dinheiro que eles recebem. Comparando, é 20 vezes mais do que a renda média da população. Na Índia, é 11,2. Na Itália, é 5,5 vezes mais; no Japão, 4,4; nos Estados Unidos, 3,7; na União Europeia, 3,3; na França, 2,8. Mas não eram eles que, subindo ao poder, iriam moralizar o país? Não é o que cantavam? E não estão, agora, no poder? E como explicam que a quase totalidade dos congressistas votou, para si mesmo, quase 60% de aumento, quando votou apenas 10% para os demais trabalhadores que já ganham menos de 300 dólares por mês? E a maioria não é de esquerda ou alinhada com ela?

Violência absurda

Os quebra-quebras em trens e ônibus se repetem, invasões de casas e terras prosseguem, assassinatos de autoridades, presidentes, governadores, prefeitos e líderes sindicais de vez em quando pipocam nos jornais, mil novas igrejas são fundadas com promessas de respostas e mensagens de Jesus ou de algum espírito purificador; aumentou-se o consumo de drogas, a prostituição atinge crianças, a pedofilia espalhou-se pela internet; pelas praias, o nudismo ganhou as orlas; apesar da camisinha, triplicou-se o número de mães e pais solteiros; promoveu-se o *lobbying* LGBTQIA+ ou a cultura gay, e em alguns estados o aborto é realizado até o sétimo mês; generalizou-se o abandono de filhos e multiplicaram-se as famílias sem casal; os traficantes criaram governos paralelos; a velha ordem cedeu lugar a novas desordens, e a orgia virou pós-orgia ou nova orgia.

Bob Dylan acertou e errou. Mandou que os pais saíssem do caminho, os pais saíram e entraram os traficantes e a mídia, que funciona como babá perversa a educar crianças para o consumo e o divertimento. Sua canção prometia mudanças para melhor, mas pelo marchar dos acontecimentos, tudo o que ele predisse contra a velha geração pode se aplicar à nova; porque aqueles meninos de 1960, agora, 50 anos depois, com 70 anos, inclusive o Bob Dylan, ficaram riquíssimos, tomaram o poder e são os herdeiros e os donos da massa falida que condenaram.

Neoditaduras

Mudaram exatamente o quê? As neoditaduras ou novas "democraturas", isto é, democracias nas mãos das mesmas pessoas, os partidos nunca reformados, as reformas que jamais acontecem, o imenso poder dos *lobbies*, a corrupção generalizada, os mensalões praticados por aqueles reformadores de ontem, o caixa dois mantido por quem queria moralizar o país estão dizendo alguma coisa. É fácil moralizar o mundo com canções agressivas de rock. O difícil é moralizar o poder quando ele cai nas mãos dos revolucionários de ontem e aqueles bilhões de dólares, ienes, rublos e reais tilintam nas caixas dos novos governos e partidos. Cria-se uma democracia que sirva àqueles interesses e luta-se para não mais sair do poder. É a orgia renovada com outro nome!

*Res persona*e e *res publica*

Quando uma relação é má, a reação raramente será boa. Foi o que aconteceu depois de duas grandes guerras e da febre de consumismo da sociedade americana, que espalhou pela mídia da época seu *modus vivendi* para o mundo.

Depois de rodar no vermelho das ditaduras de direita na Alemanha, Espanha e Itália e nas de esquerda na Rússia, na China, em Cuba e na Europa Oriental, e de enfrentar duas grandes guerras com sucessivas organizações e desorganizações, a História registrou vários caos; sinais de uma era desbragada e sem rumo. Vivi um pouco desse tempo. Vi isso em Berkeley, John Hopkins e na Itália. Estive lá quando aconteceram sequestros e assassinatos de autoridades nos Estados Unidos e na Itália. Estava no Brasil quando sequestraram embaixadores. Alguns dos sequestradores chegaram ao poder no Brasil, e então defendiam o Estado de Direito. Era seu modo de enfrentar a ditadura de direita naqueles dias. Hoje, quem faz greve de fome contra uma ditadura de esquerda em Cuba talvez pague o preço da liberdade de opinar. Mas, no passado, o Brasil devolveu dois fugitivos atletas cubanos e não foi capaz de devolver um terrorista de esquerda italiano para a Itália, que é um Estado democrático. Vitória da justiça ou da ideologia? Governava-se com as lentes da direita e agora se governa com as da esquerda, mas as duas, com graves defeitos de fabricação ideológica!

Louvores à droga

Estudei nos Estados Unidos no tempo de Elvis Presley, dos Beatles, de Timothy Leary e da difusão do LSD. Os Beatles a louvavam com sua canção *LSD* (*Lucy in the Sky with Diamonds*). Bob Dylan, por sua vez, celebrava *Puff the Magic Dragon*. Eram louvores à droga (ácido lisérgico) e à erva. Era o mundo desorganizado, colorido e sem censura. John Lennon cantava *Imagine*, canção em que propunha um mundo sem Estado, sem religião, sem crenças, sem fome, sem miséria, todo mundo se amando numa doce anarquia. A canção era cantada até nas igrejas! Vandré cantava um país sem exército e com desobediência civil, em *Para não dizer que não falei de flores*. Em todos os povos havia reação às ditaduras vigentes. Woodstock foi o auge da nova burguesia, que só podia fazer o que fez porque tinha verba e dinheiro para aquele consumo de drogas, de nudez e de anarquia organizada. Era a **dessublimação**. Era a revolta contra as lideranças da época com novas lideranças que **não sabiam o que queriam, mas certamente sabiam o que não queriam**.

À **repressão** seguiu-se a **descompressão** e a **dessublimação**. A **ressublimação** só viria muitas décadas depois, nem sempre da maneira mais correta. Nada mais era sublime. Nem Estado, nem Pátria, nem religião. A desobediência civil, religiosa e familiar deu notoriedade aos hippies e seu novo jeito de ser família. Na mesma época, surgiram movimentos libertários de natureza política, com destaque para cantores como Joan Baez nos Estados Unidos, líderes como Rudi Dutschke na Alemanha e jovens revolucionários no Brasil. No entanto, muitos desses ativistas enfrentaram prisões ou exílios devido às suas posturas contestadoras. Alguns deles governaram o país e chegaram aos governos estaduais e à presidência da República. Mas tiveram que abandonar a luta armada e aceitar a ordem para chegar ao poder.

Valia o momento

Naqueles dias, valia o momento e o sentir da pessoa que precisava renascer como indivíduo, depois de sucessivos coletivismos forçados por regimes de violência estatal. Era a **dessublimação**. Nem a família, nem o sexo, nem o Estado, nem a religião eram vistos como coisas sublimes. Sublime era a liberdade de fazer o que se queria e de não se reprimir, nem deixar que nos reprimissem. O grupo Menudos cantava para as crianças, nos anos 1980: *Não se reprima*. Hoje, os pais se queixam dos adolescentes tiranos... Certamente não por causa da canção, mas as palavras de então traduziam uma direção libertária que não poderia dar certo, como não deu!

O momento religioso

As religiões também conheceram propostas libertárias. Não foram poucos os que deixaram os votos religiosos para casar, ou saíram dos mosteiros, seminários e conventos para aderir a movimentos de esquerda, que culminaram na criação do Partido dos Trabalhadores (PT). Podia não haver crucifixo nos quartos dos seminaristas, mas em muitos seminários havia um pôster de Che Guevara. O Vaticano não os satisfazia, nem Medellín nem Puebla. Queriam uma igreja revolucionária. Era outra vez a *dessublimação* – agora, nos templos.

Houve reação. Política e religiosamente, os dessublimadores foram silenciados por terem ido longe demais e adotado lideranças e linguagens estranhas ao cristianismo. Grande parte deles deixou a igreja. Era o franco desafio à autoridade.

Veio a ressublimação

Por volta de 1995, silenciou-se aos poucos a voz dos dessublimadores e incentivou-se a dos ressublimadores. Após a dessublimação dos anos 1960-1970, reapareceram as religiões salvadoras do pecado individual e coletivo com sua ressublimação da pessoa convertida para uma nova ordem interior. Poderia ser uma volta à antiga disciplina, mas, em geral, foi uma volta ao antigo triunfalismo e às antigas devoções raramente fundamentadas e explicadas.

A ressublimação, por sua vez, mostrou-se:

- urgente demais;
- caótica, fractal e disseminada demais em milhões de pequenas igrejas, caoticamente constituídas, com moral imposta pelo pequeno grupo libertador que as criara;
- mágica;
- imediatista.

Voltou o fanatismo, a cultura do agora-já, do imediato, do triunfo de um pregador e de seu grupo sobre milhões de consciências, submetendo os novos convertidos às rígidas normas dos novos libertadores. Pareceram os semideuses da fé, profetas inquestionáveis, pregadores acima da hierarquia, profetas midiáticos, criadores de igrejas novas no seio do cristianismo e dentro do catolicismo de movimentos rígidos, e soldados em ordem de batalha. A disciplina e o comando retornavam, porém, não eram provenientes dos bispos, mas sim de sacerdotes e leigos com um significativo poder de coesão e persuasão. Contudo, não abordavam questões sociais. Não haveria pôsteres de Che Guevara nas paredes de seminários. Mas não seriam também dos santos pobres e humildes e defensores do povo e dos pobres. Dos fundadores, sim!

O novo imediatismo

Estamos hoje na ressublimação imediatista e mágica, do aqui-agora-já.

Prioriza-se o *pathéin* comentado por Aristóteles. Nele, prevalece o sentir, o tocar, o experimentar pessoalmente, a efusão do inefável, a fala doce, o transporte, o êxtase, a fala mansa, a promessa de solução imediata para as dores e sofrimentos, o circunscrito, a curta espera, a ascensão do indivíduo. Acentua-se o sentir como Jesus sentiria!

Secundariza-se o *mathéin*, que seria o âmbito acadêmico, a busca do saber, da abrangência, a compreensão, a perspectiva, a inserção consciente no coletivo; o matutar antes de agir, o pensar como Jesus pensaria!

Ignora-se o *catechéin*, que seria o repercutir, externar o conhecimento que vem de um outro, sabedoria que vem de longe, o processo de aprendizado, o pedagógico, o histórico.

Sofreguidão ingênua

Há sofreguidão em conseguir resultados. Jovens recém-saídos da adolescência, cheios de entusiasmo, anunciam um Jesus que resolve qualquer problema com preces e frases mágicas. Quem pedir fundamentação, não vai ouvir, porque eles não leram os livros fundamentais! Sua catequese é a repetição do que ouviram de outro pregador, mas não passou pelo Catecismo da Igreja Católica. Provocou risos a atitude de três catequistas no dia em que o professor pediu que mostrassem o CIC. Referia-se ao Catecismo da Igreja Católica. Três delas mostraram sua carteirinha de RG e o CPF. Não foi piada, por isso foi triste de se ver!

Aparecem, então, movimentos, organizações e igrejas do imediato, dos reavivamentos, da ressublimação urgente, dos grandes retornos ao passado, da última chance, da salvação agora-já, das parusias antecipadas, do testemunho de sucesso, das igrejas de resultado porque organizadas como empresas, enfim, da fé pragmática. *Deus funciona!*

28

A ERA DA MAIS-VALIA

O pragmatismo que salienta o indivíduo e o seu direito irrenunciável à felicidade leva à busca do sucesso, da riqueza e da preeminência. Expor-se traz fama, fama traz preeminência e sucesso, sucesso traz riquezas.

Para quem não tem ascese suficiente, torna-se psicologicamente insuperável a tentação de abandonar o clube, o contrato ou a palavra dada, ante a oferta de 80 milhões de dólares, como é a transferência de um jogador de 19 anos para o futebol europeu.

O pregador católico ou evangélico enfrenta a tentação de abandonar tanto o grupo religioso quanto a igreja em que foi formado quando confrontado com a perspectiva de aumentar sua remuneração de 5 mil para 80 ou 200 mil reais por evento e elevar seu faturamento mensal de 20 mil para 1 milhão de reais, devido à sua intensa exposição na mídia. É a era da mais-valia. Se posso valer mais aceitando o marketing moderno, por que não arriscar, se, com isso, atinjo milhões de pessoas com a minha mensagem e, ainda por cima, minha conta no banco irá para a estratosfera?

O princípio, ou melhor dizendo, o lance pragmático da questão é que passa a valer não o que valia, mas sim aquilo que pode valer mais!

Em *Misquoting Jesus*: The Story Behind Who Changed the Bible and Why e em *Jesus, Interrupted*: Revealing the Hidden Contradictions in the Bible, o ex-cristão e pastor evangélico e agora não crente Bart D. Ehrman mostra um Jesus indevidamente citado por interesses proselitistas e econômicos e um Jesus interrompido, para que a descoberta da verdade não prejudique a marcha de uma pregação de sucesso. É tema que também abordo sem romper com o catolicismo no livro *Um rosto para Jesus Cristo.* Retoca-se a imagem de Jesus de acordo com a necessidade de fazer mais adeptos. Jesus passa a ter o rosto e as intenções do pregador e não as que estavam nos evangelhos e nas epístolas.

Se já naqueles escritos houve interjeições e intervenções estranhas à pregação original e, mais tarde, com os copistas, houve perceptíveis adendos, hoje, por conta de intenso marketing da fé e da necessidade, cada dia mais premente, de chamar fiéis em multidões para templos e praças, adaptam-se textos, pregações e estatísticas. Duzentos mil são noticiados como 2 milhões. Fotos aéreas provam que não havia tanta gente naquela praça.

Havendo ainda que apenas dois crentes num país, a igreja anuncia que está em 190 países. Aquele país entra na lista da expansão da igreja, mesmo que lá ela não tenha nem culto nem templo, mas tem um jogador de futebol e sua esposa.

Os exemplos são muitos. Vale o interesse e não a verdade. Sobre este comportamento da mais-valia, quando o que conta é o projeto de crescer em números e não o de transmitir a verdade como ela é, e quando o que vale é a expansão e o número de frequentadores e não a verdade eticamente transmitida, assim Jesus teria dito, conforme Mateus:

> Mas ai de vós, escribas e fariseus hipócritas! pois que fechais aos homens o reino dos céus; e nem vós entrais nem deixais entrar aos que estão entrando. (Mt 23,13)

> Ai de vós, escribas e fariseus hipócritas! pois que percorreis o mar e a terra para fazer um prosélito; e, depois de o terdes feito, o fazeis filho do inferno duas vezes mais do que vós. (Mt 23,15)

> Ai de vós, escribas e fariseus hipócritas! pois que dizimais a hortelã, o endro e o cominho, e desprezais o mais importante da lei, o juízo, a misericórdia e a fé; deveis, porém, fazer estas coisas, e não omitir aquelas. (Mt 23,23)

> E ele, respondendo, disse-lhes: Bem profetizou Isaías acerca de vós, hipócritas, como está escrito: Este povo honra-me com os lábios, Mas o seu coração está longe de mim; (Mc 7,6)

Num mundo cheio de ofertas e de mais-valia, a grande tentação do líder é a de optar pela conta do banco, ignorando a ética da palavra dada.

29

A ERA FRACTAL

Jean Baudrillard chama de era fractal a fragmentação e o fracionamento da vida, da fé, da cultura em pedacinhos digeríveis. Tudo é fragmentado, e a parte acaba tomada pelo todo. Nada é holístico. Da mesma forma que basta um pouco de saliva ou um fio de cabelo para se conseguir o DNA de uma pessoa, bastam algumas preces, algumas frases, um mínimo de conhecimento para alguém se tornar um guru de milhões de seguidores. Vale mais a persuasão do que a verdade e o conceito. Se ele disse, então é verdade, porque ele é querido e simpático e canta e fala com unção!

Excesso de pequenas mensagens super-relativizadas como mensagens definitivas criam falsas escolas de pensamento, falsos gurus e falsos pregadores com respostas para todos os problemas. Quem posa bem e projeta imagem agradável em tempos de mídia, terá mais sucesso do que o pensador profundo que não tem boa visibilidade.

Na era fractal, as respostas estão em pílulas mágicas de saber filosófico ou religioso, facilmente digeríveis e descomplicadas. Os livros de autoajuda apontam nessa direção. **Faça isso, siga estes princípios e estas dicas e encontrará a resposta... Como se tornar rico, como ter paz, como fazer sexo realizador.** Um livro de 330 páginas ensina como conseguir um orgasmo duradouro! Outro, como ficar rico em uma década. Outro ensina como segurar um emprego, uma esposa, um marido. É o mundo da nova alquimia e das novas varinhas de condão. Não admira que em inglês se dê o nome de *condom* às camisinhas que possibilitam o prazer sexual sem os riscos do contágio ou da gravidez. Trazem a satisfação, e sem as consequências – uma das grandes descobertas da era fractal. Sexo sem os riscos da continuidade!

Novas oligarquias aparecem a partir dessas novas microrrespostas de agora para grandes problemas milenares. Ore que passa! Repita esta prece três vezes ao dia! Em nove dias terá sua resposta! Tudo se simplifica. **Ore assim! Pense assim! Aja assim e encontrará sua resposta.**

Os novos mestres, todos eles sofistas e com respostas na ponta de língua ou do teclado, respostas que servem para tudo e para todos, tornam-se gurus, vendem milhares de livros, chegam ao estrelato com preeminência, fama e dinheiro a rodo. Ninguém roubará seu queijo, ninguém sequestrará sua individualidade, nenhum problema será grande demais para você depois de ler aqueles livros.

É a promoção do provável como se fosse a prova, do possível como se fosse o real, do medíocre como se fosse o original e o arremate. Enquanto isso, o criterioso, o acadêmico, o penosamente buscado, o que realmente é religioso e cultural, porque respeita um caminhar de séculos, perde espaço. Queimam-se etapas com respostas aqui-agora-já. A era fractal é também a era dos paliativos e das meias-respostas, oferecidas como solução final de uma vida.

30

A ERA VIRTUAL

O verbo "ir" sofreu significativa modificação. Os navios, os carros e os aviões levavam a pessoa que portava a mensagem. Hoje, a mensagem vai sem a pessoa. Basta um toque de teclado. Você não tem que ir lá. A proposta é "aperte alguns botões e traga o mundo até você". É o mundo facilitado e *prêt-à-porter*. Estamos na era do *prato pronto*, do *pegue e pague*, na mágica da simplificação *da vida*.

Você compra e pensa que é dono, mas, na verdade, quem vendeu é que é o dono. Você não comprou o que queria, comprou o que havia e o que eles queriam vender.

É a era do imediatismo, do aqui-agora-já, do *vapt vupt*, do faça e aconteça, do pirlimpimpim, do mexa a varinha e as coisas aparecerão. As igrejas não escaparam disto. Todos os dias, nas redes, há milhares, senão milhões de pregadores, abusando de frases mágicas em nome de Deus. **Deus quer, Deus vai fazer, mas faça isto primeiro!**

Quem disse que você não pode? É questão de apertar o botão certo. Aperte um botão e fique quatro anos sem exigir nada do seu candidato. Deus está ao seu alcance. Siga ao ritual. **Converta-se hoje mesmo. Repita dez vezes esta invocação e obterá o resultado que deseja. Faça isso que Deus virá ao seu coração.** Não é preciso nem mudar de vida. Se você se emocionou, então é porque Deus o tocou!

Na era virtual, as coisas vêm a você, mas você não tem que ir. Se não tomarmos cuidado, como no caso dos filmes de ação, acabaremos no mundo do faz de conta. A fé acaba num videogame! Não é você que vai. Quem vai é o personagem que você manipula!

31

A ERA MIDIÁTICA

Ficou difícil liderar pessoas que procuram não tanto a liderança, mas sim a preeminência. Seu objetivo é sobressair, porque precisam evidenciar-se. E quem sente o ímpeto de evidenciar-se não aceita orientação de fora, sobretudo se a orientação é para que não se evidencie.

A era midiática se caracteriza por levar a milhares de olhos os rostos e as mensagens de poucos. Os meios de comunicação existem para multiplicar e ampliar. A pessoa cuja imagem ou mensagem é multiplicada e ampliada sai do estreito âmbito de um púlpito ou de uma cátedra e vai a milhões de lares. Torna-se evidente. Há quem consiga administrar sua evidência com simplicidade. Há quem sucumba a ela. Virtualmente esteve tão presente para o povo que agora requer guarda-costas para se aproximar fisicamente das pessoas. A imagem foi de tal maneira exposta que a pessoa real precisa ser protegida por conta da imagem que projetou. Vale dizer: o indivíduo real sucumbiu ao virtual. Foi o caso de Michael Jackson, Elvis Presley, Marilyn Monroe e Madonna. Não podiam mais andar na rua. É o caso de alguns ídolos brasileiros. Jesus conseguia andar no meio do povo, mas alguns dos seus pregadores hoje não conseguem.

Na era midiática, para alguns, a preeminência tornou-se projeto de vida. A autoexposição tornou-se febre: **Quero ser visto e ouvido e conhecido!** A mídia tornou-se fator de sucesso. Aparecer, para alguns, virou necessidade e vício, como beber ou drogar-se. Não concebem sua vida longe do microfone ou das câmeras. Projetar-se tornou-se uma segunda natureza para eles.

Os novos dogmas midiáticos geraram novos semideuses e novos ídolos. Formam-se filas quilométricas de admiradores para conseguir um olhar e uma assinatura do seu ídolo.

Aconteceu a sensacionalização dos fatos, a supervalorização das pessoas, a super-relativização da vida, com relativização de afetos e acidentalização da fé. Vale menos a mensagem do que o mensageiro, menos a doutrina do que o rosto de quem prega. Não importa seu conteúdo, importa seu jeito de se portar diante das luzes. A imagem sobrepuja a mensagem.

32

A ERA DO INDIVÍDUO

O triunfo do individual sobre o coletivo tem desafiado as lideranças de partidos, igrejas e clubes. Ao esmagamento do indivíduo nos sistemas de força de ontem sucedeu o atrevimento do indivíduo no "vale o que sinto" de hoje. O direito de ser feliz não contempla mais o direito de a comunidade ser feliz.

33

A ERA ICONOCLASTA

Ícone, mais do que imagem, é símbolo forte, marco histórico, algo ou alguém que representa mais do que aquilo que aparenta. Se for pessoa, nem ela sabe por que se tornou tão referencial. O fato é que as pessoas a escolheram como símbolo de um tempo, uma atividade, um fato humano ou religioso. A primeira pessoa a achar estranho que a considerem ícone é o próprio ícone. Os outros acham, mas quem foi guindado à posição de referência não acha que merece aquele nicho! Não está convencido de que chegou lá pelos próprios méritos. Tem mais histórias de agradecer do que histórias de se enaltecer. Ícone sem humildade em poucos anos perde a aura.

Há pessoas ícones, lugares ícones e imagens ícones. *Idólatra* ou *iconólatra* é quem adora ídolos, imagens e ícones. *Iconoclasta* é quem destrói um ícone.

> Moisés foi um iconoclasta quando destruiu a tábuas da lei e o bezerro de ouro, mas ele mesmo comandou a construção da Arca da Aliança, de éfodes, de querubins de ouro, imagens de madeira e de uma serpente de bronze. Então Moisés não era contra as imagens. Quebrou apenas as que entendeu que induziam ao erro. As outras, ele até ajudou a fazer!

Não é nem será a única, mas a nossa é, outra vez, uma era ao mesmo tempo iconoclasta e idólatra, que, enquanto destrói os ícones alheios, cria os próprios. Chuta as imagens alheias, desfaz os mitos alheios, mas cria seus próprios mitos e ídolos intocáveis e inquestionáveis. O iconoclasta é essa contradição ambulante que acha que pode redimensionar os outros, mas não acha que os outros podem redimensioná-lo, porque passa a se considerar imensurável, semideus, arauto dos arautos. Há vaidade no quesito!

Estamos em plena era da imagem, da mídia e do marketing. Criamos a imagem que se move e se transporta a um simples toque de teclado. O mundo nunca viu isso! E ela fala simultaneamente em milhões de lugares.

Nunca se ampliou e espalhou tantas imagens como agora. Nunca também se derrubou e se criou tantos ídolos como hoje. Ídolos vendiam e vendem, por isso é preciso criá-los com rapidez e substituí-los com igual rapidez. Se antes era "rei-morto-rei-posto", agora a máxima é "ídolo-morto-ídolo-reposto". Todos os anos explodem novos mitos e novos ídolos para todos os gostos, que, expostos em todas as estantes, prateleiras e gôndolas, ajudam a vender algum produto. É a miss, a cantora, o cantor, o artista, o esportista, o pregador em destaque naquela hora. O que eles dizem se espalha com a rapidez do raio e vende com igual rapidez.

Pensemos em John Lennon, Bob Dylan, Madonna e Lady Gaga, para citar apenas quatro. A Argentina teve Gardel, Perón e Evita. O Brasil nunca teve alguém que chegasse a ponto de ícone; nem Roberto Carlos, nem Pelé. Mas Maradona para os argentinos era um ícone. Ainda veremos no que vai dar, nos próximos relatos, o fenômeno Lula. A julgar pelo filme, pelo livro e pelas eleições, alguns políticos são bons de voto, mas as oposições também cresceram com a utilização dos mesmos métodos de marketing.

Os acima destacados eram e são campeões de venda com legião de adoradores incondicionais. Disseram e fizeram o que queriam contra os ícones do seu tempo. Poucos foram tão iconoclastas quanto eles.

Quem chegou aos 60 anos deve ter ouvido John Lennon e Bob Dylan e quem vê videoclipes sabe de Madonna e de Lady Gaga. Foram e são demolidores intencionais de imagens e de ícones, enquanto eles mesmos ascenderam ao máximo da iconografia secular. John Lennon cantava e mandava imaginar, com sua canção *Imagine*, sua esperança de um mundo laico, sem religião, sem fé, sem céu e sem inferno, sem pátria e cada um fazendo o que gostaria. Cantou a anarquia!

Bob Dylan, em *The Times They Are a-Changin* (*Os tempos, eles estão mudando*), mandou os poderosos, os congressistas, os papais e as mamães calarem a boca ou saírem de cena, se não eram capazes de acompanhar os novos tempos. Madona fez cenas eróticas com roupas religiosas e Lady Gaga engole as contas de um rosário, enquanto, quase nua, salienta suas partes sexuais. Michael Jackson dançava apontando para a genitália e Elvis Presley sacudia a pélvis, demitizando o corpo e o sexo masculino.

Estavam demolindo e ridicularizando imagens e ícones, enquanto eles subiam a escadaria da fama. John Lennon, o demolidor de ícones que desafiou a moral do seu tempo com atos, filmes e canções, tornou-se, ele mesmo, um gigantesco ícone e acabou morto por um de seus adoradores. Elvis e Michael Jackson morreram de overdose acidental, ou de droga ou de medicina. Ícones que quebram ícones, também eles se quebram. Maradona também sucumbiu, vítima dos seus excessos.

Na era iconoclasta, pelo menos 500 ícones famosos que desbancaram valores e outros ícones perderam o sentido da vida e morreram, ou de autodestruição ou de algum excesso. Lembram-se da formiga que não chegou ao formigueiro porque derrubou a folha, pois cortou um pedaço maior do que poderia carregar? Aqueles que derrubam ícones para assumir seus lugares acabam enfrentando uma queda semelhante, senão pior. Na era em que as imagens se tornaram uma megaindústria, há ídolos e iconoclastas de sobra.

Moral da história: Ícone que jamais sonhou ser ícone tem chance de ser pessoa normal. Ícone que perseguiu status de ícone não saberá viver nem mesmo com a falsa imagem que moldou de si mesmo, ou que permitiu que moldassem. **Alcançou alguns dos seus objetivos, mas perdeu a objetividade.** Parafraseando Jesus: **Ganhou o mundo inteiro, mas perdeu sua própria essência.**

34

O EFÊMERO MARKETING MODERNO

Um homem chamado Steve Ross, um time chamado Cosmos e jogadores como Pelé, Chinaglia e Beckenbauer em menos de 10 anos, na década de 1970, tornaram o futebol uma empresa mundial. Fizeram mais do que todos os países juntos haviam feito pelo futebol.

Tinham seis companhias de filmagem, uma empresa mundial chamada Warner Communications, muito dinheiro e um excelente marketing. Souberam usar a televisão como poucos, superaram em pouco tempo outros grandes esportes, lotaram os estádios como, até então, poucos estádios do mundo lotavam. Tudo porque alguém soube fazer marketing.

Jogadores admitidamente donos de enorme ego, como Chinaglia, e outros acessíveis e queridos como Pelé e Beckenbauer, fizeram a diferença. Presidentes, reis e rainhas, atores e atrizes se curvavam ao poder deste esporte cheio de semideuses.

Um dia, o Cosmos acabou. O dinheiro se esgotou, o entusiasmo das torcidas desapareceu, e ninguém mais desejava assistir ao futebol pela televisão. Alguma coisa foi mal. Em 1980, o Cosmos tinha caído nas mãos de Giorgio Chinaglia, que talvez tivesse sido bom como marqueteiro, mas não como arquiteto de um clube de futebol. Não entendendo de comunicação, o jogador que marcava um gol por partida foi apontado como o responsável pelo fracasso do futebol e do Cosmos. A liga de futebol perdeu a capacidade de atrair pessoas. O país ainda se ofereceu para sediar a Copa de 1984. O circo acabara. O futebol morrera nos Estados Unidos. Mas o legado ficou. Os Estados Unidos sediaram a Copa de 1994. Hoje, milhares de crianças americanas correm atrás da bola na esperança de que, um dia, apareça outro Cosmos que não seja destruído por megalômanos.

Na mesma época, igrejas eletrônicas reuniam milhares de fiéis em templos moderníssimos, pregadores recrutavam milhões de almas pela televisão e tornavam-se os novos semideuses da fé. Uma por uma foram caindo com a queda dos seus pregadores, surpreendidos em situação de escândalo ou malversação de fundos. O caminho dessas igrejas também passou por reavivamentos, entusiasmos, multidões incontáveis se convertendo para Jesus, milagres a rodo, suicídios e mortes em nome da fé, novas igrejas sendo fundadas em toda a parte, nomes de pastores celebrados em versos e prosa, reis, rainhas e presidentes se curvando ao poder de comunicação deles. Por volta do ano 2000, já não se via o mesmo entusiasmo missionário. O excesso de presença dos pregadores prejudicara aquele marketing da fé. O trágico episódio do envenenamento em massa nas Guianas, em 28 de novembro de 1978, perpetrado pelo pregador pentecostal psicopata Jim Jones, abrandou um pouco a fúria dos evangelizadores vale-tudo... Mas somente um pouco! Ainda há os que dizem que Jesus lhes mandou dizer o que eles dizem...

A partir dos anos de 1990 e com maior intensidade nos anos 2000, tomou corpo, no Brasil, o movimento pentecostal, impactando igrejas evangélicas e resultando na criação de milhares de novas igrejas. Esse fenômeno também deixou sua marca na Igreja Católica, dando origem a movimentos e comunidades de inspiração carismática. Também eles jogaram toda sua força na mídia, assumindo milhares de programas de rádio e de televisão. Era e continua sendo o púlpito eletrônico brasileiro.

A exemplo do Cosmos, há muito dinheiro envolvido na promoção das igrejas e pregadores, e investimentos milionários em emissoras de grande porte revelam um projeto de expansão nunca visto no mundo da fé.

Começamos a ver os primeiros sinais de ruptura, igrejas dissidentes, perda de fiéis e telespectadores, diminuição do entusiasmo de ontem. Como no caso do Cosmos, o auge acabou.

Isso mostra o efêmero do marketing. Ele vive de novidades, e quando a novidade acaba, seus promotores não conseguem mais tirar novos truques e motivações da manga. Acabam repetitivos. Pregadores novos aparecem usando do mesmo discurso e dos mesmos gestos. Passado o seu encanto, passa a igreja. A renovação da fé tem seus limites. De repente, as pessoas descobrem que nem o novo nem a volta ao passado resolvem. E buscam reinventar sua igreja.

No Cosmos, figuras carismáticas como Pelé, Beckenbauer e Chinaglia não puderam segurar o clube. Nas igrejas, grandes nomes de grandes fundadores não conseguiram segurar seus fiéis num só rebanho, e nos movimentos, a morte ou a enfermidade de grandes nomes significou perda de frequência. Os novos nomes de pregadores jovens em evidência arrastam de cem mil a um milhão de pessoas. Seus nomes e rostos aparecem na mídia e suas mensagens e canções atraem fiéis para suas igrejas ou motivam quem já aderiu.

Vai depender deles e do que disserem e fizerem a duração desse entusiasmo. Em menos de dez anos, passaram os Beatles; em vinte, passou Elvis Presley; em menos de vinte, passaram Janis Joplin e Michael Jackson. Frank Sinatra durou mais tempo. O U2 e os Rolling Stones atravessaram décadas. Mas outros grupos de renome não emplacaram dez anos. Os pregadores eletrônicos mal chegaram aos quinze anos de sucesso.

Vale a pena considerar o real alcance da mídia que sacode multidões. O que fica? Quem canta, hoje, canções de Frank Sinatra? Exceto por alguns fãs que o imitam, onde se ouve a voz de Elvis Presley? E Roberto Carlos? E Chico Buarque? E Caetano Veloso? Quem durou? Por que durou? O que havia naquelas canções que atravessaram o tempo? Você conhece algum cantor famoso cujas canções se cantam hoje, trinta ou quarenta anos depois? Se conhece, o que há nelas que não deu certo com as outras?

O que restou daquele marketing dos anos 1970, 1980 e 1990? Quem ainda possui aqueles discos e CDs? Quem toca? Quem ainda lança CDs? Quanto tempo vai durar o *rapper* de hoje? E o samba de fundo de quintal? Quem toca? E as canções religiosas? Quais delas atravessaram o tempo? O que diziam ou exprimiam que ainda hoje milhões se lembram delas e as querem ouvir?

Fiz algumas delas, e se me perguntarem por que *Oração pela Família*, *Utopia*, *Maria de Nazaré*, *Um certo Galileu* e *Amar como Jesus amou* ainda hoje são lembradas, eu não saberia explicar. Não recebi o mesmo marketing milionário. A mensagem foi mais longe do que o seu marketing e seu autor. Sou bem mais efêmero do que as canções que escrevi. Há quem não tenha ideia de meu rosto, mas canta de cor as minhas canções.

Se é bom? É! Ninguém sabe ao certo qual era o rosto de Sócrates, Platão, Shakespeare e Jesus. Mas suas mensagens duraram até hoje. Desejo o mesmo aos midiáticos de agora!

35

AINDA OS ICONOCLASTAS

Muitos exemplos, na história recente, podem ser citados como atitudes iconoclastas. O primeiro-ministro da Rússia que, em visita aos Estados Unidos, tirou o sapato e o bateu na mesa de conversação; os jovens que se despiram à frente de um templo evangélico; a moça que se desnudou diante do Congresso em Brasília; o pastor que chutou a imagem de Maria; e o rapaz que tentou quebrá-la; o jornalista que jogou o sapato contra o presidente norte-americano; o muçulmano que cuspiu na estátua de Moisés; o judeu que pisou no Alcorão; o ateu que rasgou uma Bíblia – todos eles tinham algo em comum: eram iconoclastas.

Imitaram, cada qual a seu modo, o anti-herói Gideão, que ainda hoje é festejado por alguns pregadores como herói da fé. Acontece que Gideão era um fanático de quatro costados. Na calada da noite, quebrava as imagens dos outros. Com um grupo seleto de 300 guerreiros, assustava meio mundo em nome do seu povo, de sua fé. Inimigo dos símbolos dos outros, acabou, ele mesmo, criando um éfode e arrecadando dinheiro, que usou em benefício próprio. Morreu rico de bens, mas não de caridade. Mas ganhou a paga: das suas muitas mulheres, teve 70 filhos mais um. Este outro filho, Abimelec, matou os outros 70. Aprendeu com o pai que, quando não se aceita uma coisa, é permitido matar ou quebrar. Está tudo lá, no Livro dos Juízes, capítulos 6, 7, 8, 9 e 10.

O problema com os iconoclastas é que ninguém pode desrespeitar os seus símbolos, mas eles se dão o direito de agredir os dos outros. Pior ainda: dizem que Deus os quer zelando pela pureza da religião. São destruidores das imagens dos outros e não entendem e não aceitam explicação de quem quer que seja. Só valem os seus símbolos. Vivem criando símbolos e imagens, mas o que vem deles é do céu e o que vem dos outros é de Satanás. Inventam tantos demônios que a lista encheria uma lista telefônica do século passado.

Um povo sem leitura e sem estudo engole tudo com a maior passividade. Isso até o dia em que perceber o quanto foi enganado. Há dois tipos de crente: o convicto, que respeita a convicção de outros crentes, também eles convictos; e o convencido e presumido, que acha que Deus contou tudo para ele, ou que só ele entendeu ou leu direito o Livro Santo. Fica com as passagens que o ajudam a fazer adeptos e ignora as que o censuram. Por isso adora citar os trechos da Bíblia que proíbem fazer e ter imagens de ídolos e passa por cima das outras, que até mandam fazer imagens. E declaram idólatra qualquer pessoa que tenha imagens. Seria o mesmo que dizer que todo aquele que tem facas e fósforos em casa é assassino ou incendiário. Como ele não sabe usar, acha que os outros também não sabem!

O mundo, portanto, se divide entre gente que tem tempo e paciência de esperar pelo resultado da semente que plantou, **os pacientes e cultivadores**, e **os impacientes e urgentes**, que plantam sem olhar onde, fazem qualquer aliança para conseguir mais depressa, usam de todo o potencial da máquina; comem depressa, leem depressa ou muito pouco, devoram a vida sem saboreá-la; se é pregador, olha os números e não a catequese; a pregação é rápida, mágica e superficial, com pouco conteúdo e pouca reflexão; **se é político, enche a pauta de projetos sem consistência**, porque precisa de currículo para continuar eleito; raramente ouve os outros, vota sem ler os textos dos outros; se é religioso, só canta e só lê os textos de seu grupo, porque precisa pregar e não tem tempo de ler tudo o que a Igreja ensina. Assim, mune-se de algumas palavras e frases-chave que decorou bem e que ouviu de algum outro pregador; fixa algumas ideias e as repete indefinidamente em qualquer situação. Seu discurso não muda porque não tem tempo para se atualizar.

Raramente lê livros dos outros ou de autores que não sejam do seu movimento. Os que lê estão sempre dizendo a mesma coisa, porque um copia do outro, como nos livros de autoajuda com receitas de felicidade. Por isso suas canções, seus artigos e suas pregações são tão parecidos.

Falta a cultura que não querem. Têm pressa, o mundo deles é urgente e eles não podem esperar trinta anos como Jesus esperou... Não têm a sabedoria de armazenar sabedoria. Apostam que Deus fará prodígios usando do pouco que eles sabem, mas pregam com entusiasmo. Então chamam isso de unção. E vez ou outra se justificam dizendo que gente que sabe mais não vai lá, não faz nada e não tem entusiasmo e unção. Como se isso justificasse a sua falta de conteúdo e de preparo de quem queimou etapas!

É a "geração sobremesa". Não foi servido nem sequer um terço da mesa e eles já estão oferecendo o doce e o depois da refeição. Por isso a pressa em proclamar milagres e demônios derrotados: demônio da dor de dente, de cabeça, da unha encravada, da dor de barriga e da tontura.

36

TRANSITORIEDADE E FÉ

A TRANSITORIEDADE DO MUNDO jogou seu marketing nos pregadores do Jesus urgente:

> *Não fique aí procurando pelo melhor, o melhor já existe e nós o temos! Fique feliz depressa!*
> *Converta-se depressa!*
> *Mate mais depressa!*
> *Fique rico depressa!*
> *Saia da dor depressa!*
> *Não sofra mais!*

A transitoriedade é a nova temporariedade da vida, que resulta num estado de espírito e numa sensação de impermanência (TOFFLER, 1998).

Pregadores imediatistas formados em cursos rápidos de marketing da fé, em geral, sem catequese abrangente, especializam-se num discurso e num assunto.

Pregue apenas isso e estará seguro. É como pedir a um jovem enfermeiro que atenda o doente somente de um jeito, ou ao jovem médico que cuide apenas de um tipo doença e receite apenas um tipo de remédio.

Não assimilaram o imanente de Deus e não acham tempo para ver os frutos do espírito amadurecer. Querem ver logo o fruto. Por isso apressam a palavra, apressam a proclamação e apressam o milagre. Artificializam e provocam esta sensação de que o fiel possui Deus e está maduro para profetizar, mesmo não tendo ouvido Jesus o suficiente. O Espírito desce neles antes da morte e da ressurreição... Pulam essas etapas.

O dever de estudar e amadurecer é substituído pelo dever de contribuir e ouvir o pregador.

Não pense. Aja e deixe Deus agir em você. Como? Seguindo e ouvindo o pregador. Não filosofe, não pergunte demais à sua igreja sobre o que ela prega. Questione as outras igrejas e os outros grupos – nunca o seu. Não admita que alguém questione o seu grupo, mas você deve questionar o dos outros. Você pode questionar os outros, mas eles não podem questionar você. Porque eles, de outra igreja, não têm mais tempo. Se não se converterem agora, morrerão no pecado.

O pregador urgente fala de agora, já, Deus hoje, milagre às 15h, na próxima semana mais uma marcha para Cristo e mais uma vigília, onde haverá milagres. Jesus quer, agora, ele está dizendo agora, entregue-se a Jesus agora.

O passado não tem sentido para ele. Só vale o que serve para fazer mais adeptos. Não serve de referência nem de lição, exceto se ajudar sua pregação. Pregam um Evangelho acelerado, urgente e de fim dos tempos. Nem têm tempo de estudar os fenômenos: proclamam na mesma hora os milagres sem examinar as circunstâncias. Veem presença de demônios em tudo e diagnosticam os males como demônios – dão o veredito antes mesmo do diagnóstico.

Fazem como o médico que receita o remédio sem olhar o doente nem a doença. Não estudam nenhum problema. Nada é complicado para eles. Tudo só tem dois lados: o deles e o dos outros. Já conhecem a receita mágica. Jesus está do lado da igreja e do grupo dele. Quem quiser ser feliz, aceite Jesus do jeito deles. Os óculos que eles usam os ajuda a ver mais e, agora, querem que todos usem a mesma lente e os mesmos óculos. São imediatistas e, por isso, pregadores de receitas mágicas de salvação e de felicidade.

Não são ecumênicos porque os ecumênicos precisam ouvir os outros e pensar sua própria fé na luz da fé dos outros. Como todo sujeito urgente e imediatista, são ditatoriais e seguem esquemas; descartam o que não entendem ou que os colocaria em situação de ter que pensar ou repensar o que andam dizendo.

A novidade funciona como rodízio. Leite se troca mais depressa do que comida sólida num armazém (TOFFLER, 1998). Produtos perecíveis precisam ser vendidos o mais depressa possível. Como sua fé é um produto perecível, porque o conteúdo é frágil, eles têm pressa em vender aquele peixe. Livros bons ficam muito tempo nas prateleiras. Livros superficiais duram o tempo da propaganda! São pregadores da era da transitoriedade, criando cidadãos da transitoriedade. Pregadores descartáveis criam pregações descartáveis, palavras clonadas, frases clonadas. Se vier um pregador mais sensacional, o fiel vai com ele. A televisão é o grande reciclador...

37

A ERA DO CLIQUE

Há cinquenta anos era muito mais difícil conseguir as coisas. A vida foi sendo facilitada de tal forma que hoje a maioria das coisas depende de um ou dois botões. O tal do botão e o clique dele abrem e fecham portas e portões, comandam carros, ligam e desligam a televisão, fazem funcionar enormes máquinas, abrem comportas, controlam aviões no ar, encostam embarcações no cais e nos colocam em questão de segundos em diálogo com alguém do outro lado do mundo. Entramos na era do clique. Uma geração inteira vive do clique.

Se o clique facilitou nossa vida a ponto de até cozinharmos de longe, operarmos de longe, comandarmos tudo sentados no sofá e as crianças brincarem com carrinhos e aviões apenas com alguns botões e alguns cliques, tudo ficou mais caro e mais desafiador. Muita gente acaba achando que a vida é um enorme clique. Basta pagar, estalar os dedos e apertar o botão que o amor, o dinheiro, o emprego, a graça de Deus e o sucesso acontecem. Como quase tudo o que depende de um clique custa mais caro, a vida começa a custar mais caro.

Ainda não percebemos que é possível cultivar flores sem sujar as mãos no barro, mas que há uma enorme diferença entre quem abre o sulco, poda, cultiva e colhe e quem manda a máquina fazer isso por ele. Há coisas que só fazem sentido quando nascem de nosso esforço e nossa criação.

Milhões de pessoas em milhares de firmas estão hoje criando o nosso clique de cada dia. Mas teremos que pagar a eles pelo botão que aciona aquele clique. Se é isso o que queremos, talvez um dia tenhamos gente para pôr a comida na nossa boca e até nos dar tudo digerido. Mas acabaremos atrofiados. Milhões já chegaram a isso. Pagam para que alguém pense por eles e lhes diga todas as manhãs o que devem ou não devem fazer naquele dia. E há quem nos ensine o que devemos dizer a Deus, ou o quanto devemos pagar para ter o céu garantido...

Querem respostas e as recebem, porque, como diz Paulo, Segunda Epístola a Timóteo, capítulo 4, haveria no futuro pregadores dispostos a nos dizer o que gostaríamos de ouvir. Como não querem a verdade, mas sim palavras bonitas e gostosas de ouvir, quem os aplaude e sustenta recebe palavras bonitas e gostosas de ouvir:

> Você foi escolhido, você foi eleito, Deus o ama, Deus tem uma mensagem para você, hoje, agora, porque você é especial. Entre para o nosso grupo que verá coisas especiais acontecendo para gente especial. Converta-se agora, já, mas do nosso jeito, porque do outro jeito não seria conversão. Escolha entre ficar aí onde está e vir conosco. Aqui Deus opera. Aí, na sua igreja de agora, ou vai demorar muito ou nada vai acontecer, porque fora de nosso grupo há muito pecado. Venha conosco porque aqui o demônio é derrotado! E quem nos questionar está questionando a verdade.

Eles nem percebem que passaram dos limites. O modo como falam dá a entender que a graça nos dias de hoje passa pelo grupo deles. Não se ouve nenhum elogio para outros grupos de igreja e outras pessoas que não falam nem oram como eles, mas a quem Deus também ilumina. Como estão lá para divulgar sua pregação, seus livros, suas canções, é claro que não vão elogiar os outros. Os outros, que façam como eles! Montem seu púlpito e preguem de lá. Em outras palavras: achem o seu clique.

Criamos um mundo de produtos que dependem de apenas um ou dois cliques. E já chegamos às "igrejas do clique": "Faça isso e conseguirá aquilo! Ore desse jeito e conseguirá tais e tais graças. Venha conosco e verá milagres nas quartas-feiras às 15h! Quem tem um problema no joelho, levante a mão que vamos orar por você. Pronto! Você está liberto. Pronto! Você está curado. Aplaudam mais forte porque acabei de cantar ou falar sobre Jesus. Não é para mim, é para ele!".

Só não contam quantos não foram curados nem naquele dia, nem depois. Mas isso não interessa às igrejas do clique. Da mesma forma que não interessa aos fabricantes de controle remoto falar que eles às vezes não funcionam. O clique tem que ser vendido e tem que funcionar. Os insatisfeitos que os devolvam. Ganharão outro clique. E se este clique também não funcionar, então o problema está no usuário...

Entramos no mundo da magia. Eleja seu deputado com dois cliques. Ligue a televisão com apenas um clique. Ganhe uma graça com dez cliques. São orações infalíveis. Não estão deixando nem a Deus o direito de agir ou não agir. Dão até data, horário e lugar do milagre. Se Deus não atender àquele clique das 15h, pior para Deus, porque vai haver clique do mesmo jeito...

Um dia descobriremos que a vida é mais do que botões e cliques; e que somos como plantas que precisam crescer antes de dar frutos; e que o fruto vem devagar e precisa ser cultivado. Erraríamos, se quiséssemos dinheiro fácil, igreja fácil e milagres com horário e data marcada. O viciado conta com o clique daquele comprimido ou daquela "cheiradinha". Faz efeito na hora. Depois a dependência continua e piora. Os traficantes contam com esse clique para vender mais. Mas ele traz a morte. Religiões imediatistas também garantem, pelo clique, resultados imediatos.

A escolha é sua entre os catorze anos de Paulo, até merecer o respeito devido a um apóstolo e a pressa do mago Simão que achou que podia comprar a graça e o milagre!

Se tem pressa, compre um desses cliques espirituais. Se acha que o tempo de Deus não é o tempo dos homens, continue orando. Deus o conduzirá à maturidade, na mesma igreja onde você foi batizado. Mesmo que pareça estar demorando, Ele se importa com você. Sua hora vai chegar. E não tem que ser lá fora, nem tem que ser agora. Deixe o Cristo levar você! Ele sabe o endereço do Pai! Significativamente, Jesus não ofereceu nenhum clique. Nunca prometeu sucesso financeiro para quem o seguisse!

38

AVESSOS A QUALQUER CRÍTICA

Acontece muito nas famílias e nas comunidades de fé. Foi Paulo quem disse (2Tm 3,5-8) que algumas pessoas usam da religião para seus próprios interesses, nada ensinam e insistem em procurar elogio dos outros, mostrando-se incapazes de aprender. Referia-se a um tipo de pessoa religiosa que só aceita críticas seletivas e só dos grandes amigos, que, ao fim e ao cabo, também perdem por reagirem com ira ou desprezo contra quem os critica.

Alguns humanos preparam meticulosamente a sua velhice infeliz. É como se arremessassem seu avião contra a montanha, ou o navio contra o atol, por mais que os amigos os alertetassem. Não aceitam críticas de espécie alguma. Passam meses ou anos até sem falar com a pessoa que ousou enfrentá-las e criticar algum de seus gestos ou criações. Não há perdão. Não há retrocesso. Por mais gestos que o outro faça, fecharam-se.

Acontece com quem bebe, prega doutrinas erradas, assume comportamentos antissociais ou transmite uma possível heresia. Rever-se ou rever, jamais! Não aceita críticas e sua reação imediata é deletar a pessoa do seu caderno de boas-vindas. Às vezes, o comportamento é de tal modo agressivo que silencia qualquer possível crítica antes que ela nasça. Consegue, assim, anular os amigos e os conselhos no nascedouro.

Incorrigível não é quem tenta, mas não consegue; incorrigível é quem não se deixa corrigir. O outro é frágil, mas este é mal-intencionado. Não aceitará a menor crítica à sua postura, à sua pregação, à sua maneira de escrever ou cantar, à sua maneira de administrar e fazer negócios. Cercado de amigos que só lisonjeiam, bastam-lhe os elogios. E ai de quem ousar, pensando que é amigo, dele discordar. Declara-o inimigo e esquece tudo que o amigo fez e todos os elogios e oportunidades de ontem. O que ele lembra é que foi gravemente ofendido na sua dignidade com aquela crítica. Vai ver era apenas proposta de correção de um momento, uma passagem, um pequeno texto...

É um náufrago da comunicação aquele que conseguiu silenciar seus amigos. Venceu! Os amigos param de criticar e se silenciam. Entendendo que não são mais úteis, porque só seriam aceitos se elogiassem, os amigos se afastam.

> Acontece mais do que imaginamos. E não poucas vezes acontece conosco, que somos useiros e vezeiros em criticar e tardios e renitentes em aceitar críticas. Quer saber se você é um possível bom comunicador? Veja como reage às críticas. Já se corrigiu? Já aceitou mudar alguma pregação, página de livro, canção, artigo ou obra? Como anda sua relação com a pessoa que ousou questioná-lo? É apenas culpa dela ou será que há mágoa em você? Já se aproximou? Ou não se aproximará enquanto a pessoa não lhe pedir desculpas? Repense! Os átrios das igrejas, os coros, as emissoras de rádio e as editoras estão cheias de comunicadores feridos e lugares vazios por conta de cristãos que não aceitaram ser corrigidos! Se um anjo descesse do céu e lhes fizesse aquela mesma observação, aceitariam? É bem provável que pusessem reparos no tom de voz do anjo!

39

A ERA DA FÉ VITORIOSA

Nunca o mundo precisou tanto do poder do céu como agora. É que antes não havia terroristas nem governantes com ogivas nucleares à sua disposição. A qualquer hora, dez ou vinte pessoas enlouquecidas, cidadãs de outro país ou credo religioso e político, podem destruir quem eles acham que os incomoda, sejam culpados ou inocentes. Literalmente, os loucos nunca tiveram tanto poder de destruição, nem os inocentes tanta insegurança. Nem mesmo nos tempos de Nero, Átila, Stalin e Hitler. Agora, vinte pessoas podem fazer maior estrago do que eles com seus exércitos. É uma das desvantagens da tecnologia.

O poder dos governos, das armas, das drogas, dos terroristas, da mídia e dos bancos é tão grande que o povo se vê indefeso. Então corre para os templos, onde se prega que existe alguém mais poderoso, defensor dos fracos e oprimidos, libertador de todos. De quebra, ensinam que quem o aceita se torna vencedor e poderoso e não sofre mais. Quem não quer um discurso desses?

Já houve tempos propícios à fé e à credulidade como agora. Na Alta Idade Média, a fé era usada para tudo, até para a alquimia que enchia o povo de esperança de transformar pedras em ouro. Hoje em dia, há igrejas que prometem riquezas em nome de Deus. É a mesma pregação disfarçada de sucesso financeiro em nome da fé. Naqueles tempos, em cada quadra havia um templo.

Se lermos atentamente a História, veremos que eram situações muito semelhantes à nossa. Viver era perigoso. Ninguém defendia o povo. Ninguém o consultava. Este existia apenas para ser vassalo, escravo ou servo e para pagar impostos. Nenhuma chance de mudar o quadro social. A religião era essa chance. Em cada canto havia uma ermida, um convento, uma capelinha ou um templo.

Na Vila São Geraldo, em Taubaté (SP), onde morei desde menino e onde já lecionei, contei, esses dias, em 40 quadras, 23 templos religiosos. Cerca de um para cada duas quadras. Católicos, pentecostais, messiânicos, testemunhas de Jeová. Um deles deu origem a seis outros, alguns à distância de menos de uma quadra. No curto espaço de oito quadras, há um templo e dois seminários católicos e quatro templos pentecostais.

Não há como duvidar. O povo está orando mais, buscando mais soluções do céu e apostando em mudanças a partir deste, e não da Terra. Estranhamente, porém, seus pregadores e fiéis parecem pessoas na fila em cinco orelhões, todas ligando para a mesma pessoa, para a mesma agência de socorro, e ninguém conversando entre si. Falam muito com Deus, mas raramente falam entre si. Um nem sabe quem é o pastor da outra igreja a 300 metros de distância.

Faz pensar! A cada dia precisamos mais de Deus e a cada dia disputamos seu colo com outros irmãos, cada qual apostando que é mais filho e tem mais direito àquele colo. Simplesmente, não nos vemos, nem sabemos quem é quem. Só sabemos quem foi para lá e de que igreja veio. Muitos eram católicos, outros migraram de um templo evangélico ou pentecostal para outro. Os carros se apinham em todas as igrejas, lotando as ruas e pátios, a mostrar que não há pobreza extrema no bairro. Estão lá porque lá encontraram um lugar onde sentem a garantia de que podem ouvir seu Deus a falar pela boca de alguém. Alguém está dizendo ao fiel que agora, sim, sua vida vai dar certo! Achou o pregador e a igreja certa! Está ouvindo o que gostaria de ouvir. São Paulo já falava disso na Segunda Epístola a Timóteo.

No Brasil inteiro há cidades onde a média é de um lugar de oração e de pregação para cada duas ou três quadras. O fenômeno tem sido estudado, mas os estudos não chegam nem aos pregadores nem aos seus fiéis. Não vale a interpretação dos estudiosos, mas sim o que sentem os pregadores e fiéis. E eles sentem que Deus os chamou para aquele lugar e que de lá sairão vencedores, num mundo que derrota e humilha.

Saberemos as consequências daqui a algumas décadas. É na terceira ou quarta geração desses crentes que se verá o resultado dessa ocupação de terreno e utilização de espaços vazios. Funciona como um Movimento dos Trabalhadores Rurais sem Terra (MST) espiritual. É o Movimento dos Sem Templo. Ocupam uma casa ou um galpão, onde pregam e oram. Com o tempo, a depender do número de fiéis que conseguem tirar da outra igreja, ou constroem e ocupam aquela região, ou mudam. Mas os fiéis são disputados quadra por quadra, casa por casa.

Não importa se são de outra igreja, ou de terreno já cultivado. Arranja-se um motivo para atraí-los. A terceira ou quarta geração mostrará se saberá conviver, ou se brigará nas ruas para mostrar quem é o herdeiro da verdade mais verdadeira. Já vimos este filme dos séculos XI ao XVIII, entre cristãos católicos e ortodoxos, católicos e muçulmanos, católicos e evangélicos. Era uma briga para ver quem sabia mais sobre Deus e quem era mais fiel a ele. Nasceu da política e terminou em violência.

Ou se conversa desde o começo, ou se disputa terreno na ânsia de crescer. Com isso, no entanto, a caridade vai embora. E ela vai embora toda vez que convencemos os nossos de que o outro é inferior a nós... Felizes os cristãos que sabem ouvir os outros e tratá-los como irmãos, ainda que orem e pensem diferente sobre alguns aspectos da vida e da fé.

Mas nem sempre eles vencem. A maioria dos muçulmanos não é terrorista, mas bastam alguns deles para que toda uma região sofra um conflito religioso. Foi assim e continua assim mundo afora, com cristãos, sikhs, muçulmanos, católicos, pentecostais e evangélicos. Vão ceifar na roça dos outros. Não estão buscando vitória apenas contra o pecado. Muitos falam claramente de vitória sobre outras igrejas. É só prestar atenção nas suas pregações para saber onde situam o demônio. Nunca na igreja deles... Quase sempre no mundo imundo e numa outra religião ou igreja... Fiel dele não precisa tirar encosto. Já está salvo em Jesus. Tira-se o encosto do fiel que veio de outro grupo.

Oremos pela paz e segurança do mundo, mas oremos, também, para que Deus nos livre de pregadores fanáticos que não conseguem nem sequer tomar um café na esquina com um pregador de outra igreja! Eles dizem que Deus está usando-os, mas seguramente é Deus quem está sendo usado por eles...

40

A ERA DA INFIDELIDADE

Vamos ao cerne. Estamos na era das trocas, da infidelidade e das mudanças imediatas. Não gostou: troca-se por outro ou por outra. Muitas delas são frutos de convicção serena. Grande número, fruto de infidelidade. Promete-se, jura-se, a palavra é dada e assinada, mas ante algo mais vantajoso, rescinde-se o contrato, rasga-se o papel, muda-se de emprego, de clube, de amor e de igreja, às vezes sob os aplausos da mídia, como nos amores novos de artistas e jogadores de futebol. Esquecem a festa para a primeira e para a segunda e tratam a terceira ou a quarta união como se fossem a definitiva. A doutrina deles é a de que é tudo relativo e vale o sentimento da pessoa que mudou!

Milhões mudaram de casa e de fé, porque ir para o outro relacionamento lhes pareceu mais vantajoso e mais de acordo com o que sentiam. Não se sentiram obrigados a cumprir seus juramentos. Tornara-se uma fonte de sofrimento.

A raiz de tais trocas e mudanças é o personalismo, que, em muitos casos, leva a um exacerbado individualismo. Vale o indivíduo e o que ele sente e não o que os outros podem sentir ou pensar a seu respeito. Não há compromisso capaz de segurar alguém naquela relação, juramentada meses ou anos atrás. O sentir do mundo de hoje é que compromissos e juramentos se quebram, se com isso a pessoa se sentir melhor.

O não cumprimento dos votos até o fim, das promessas, das filiações partidárias, das alianças, dos contratos, da vida familiar ou da vida religiosa é visto como decisão soberana do indivíduo que se sentia oprimido por um peso que não mais aguentava carregar. As teorias caminham quase todas em defesa do indivíduo, poucas em defesa de quem poderia ser afetado pela sua decisão.

Países, povos, grupos, igrejas, partidos, sócios e indivíduos deixam de cumprir suas promessas ou pedem rescisão de contrato quando sentem que a palavra dada tornou-se danosa a seus novos projetos. Não é fato novo na História, mas hoje é mais visível e atinge milhões. O argumento é um só: **Não é bom para mim, então eu caio fora, ou dou um jeito de questionar o contrato. Vale o que for mais vantajoso para o meu eu! Sou eu quem conta!**

Não adianta olhar para o lado. Estamos todos sujeitos a esse comportamento, num mundo que incentiva e até aplaude a mudança de amor, de parceiro, de clube, de trabalho ou de fé. As virtudes da perseverança e do discernimento podem ajudar e ajudam. Vale questionar. O mundo teria sobrevivido sem a fidelidade ao essencial? Mas o que é fidelidade ao essencial? E o que é essencial? Foi exatamente por não saberem isso que mudaram. Quando num coração tudo é relativo, este coração se torna o seu próprio absoluto.

Exceto nos casos de violência e infidelidade flagrante e incorrigível, ou quando o abuso de drogas e álcool torna a convivência impossível – momento em que a parte inocente busca se proteger, assim como aos filhos –, em geral, a infidelidade ocorre quando o outro deixa de despertar interesse.

41

A ERA DO CORPO E DA SEDUÇÃO

Você faz parte de uma era que ensina a mostrar e seduzir e de uma geração que mostra e seduz. O corpo tem sido o instrumento de sedução de milhões de pessoas. Fonte de lucro e base de muitas indústrias: droga, sexo, moda, esportes, ginástica. São levadas e altamente incentivadas a isso. É a era do visual e do prazer sem limites.

42

A ERA DO INDIVÍDUO

Eles já se amaram, **e até intensamente. Acabou não dando certo. Hoje são ex-marido, ex-mulher, ex-amante, ex-namorados. Acontece em tu**do na vida. Alguém começou algo com a certeza de que tudo daria certo e, num certo momento da viagem, desistiu do projeto. Faz parte do ser humano reavaliar o que fez ou faz. Alguns reavaliam para continuar juntos, outros para terminar. Há os que acham que ainda vale a pena e os que não querem mais tentar. Acabou o que os unia.

Uma leitura dos jornais e revistas, dia após dia e semana após semana, programas de rádio e entrevistas de televisão dão bem uma ideia do quanto a *desistência* passou a fazer parte da *existência* na vida do homem e da mulher de hoje. É impressionante o número de artistas, cantores, músicos, escritores, atletas, políticos, empresários, já na segunda ou terceira união. Há quem esteja na décima. Não se usa mais a palavra fracasso. Soa mal e pode ser injusta, até porque a pessoa em questão pode ser a parte inocente. Mas isso dá uma ideia do quanto o casamento tem mudado nas últimas décadas. Termina-se e pronto! Paga-se um preço e vai-se para outra experiência amorosa.

A era do descartável deixou marcas também no amor. Copos, pratos, meias, vestidos, objetos descartáveis entraram no cotidiano das pessoas tornando a vida mais cômoda. Porque refazer, se é possível arranjar outro? Não se tenta, nem se pensa em reparar um relógio, uma meia, uma camisa. Há quem os conserve e use por muito tempo. Mas há quem busque um novo.

Por que não, se o outro já não serve e existe algo melhor na loja? Chegamos ao casamento descartável. Se não deu, cada um vai para o seu canto tentar outro casamento. Em alguns casos, os dois levaram anos tentando consertar, mas não deu. Foram sinceros e a última coisa que queriam era fazer o outro de objeto. Mas houve e há os que resolvem a coisa em semanas e meses. A carreira, o trabalho ou alguém mais interessante falou mais alto.

É um novo *ethos*. Talvez seja conhecido na História como a era do individualismo. O "nós" está perdendo...

43

A ERA DO SUJEITO ILUMINADO

Nem todos se dão conta disso, mas há uma enorme diferença entre alguém ser sujeito de uma ação, e até mesmo o seu protagonista, e este mesmo alguém ser o sujeito absoluto da ação. **Eu decido e ninguém me contraria, porque não posso estar errado!**

Martin Buber, no seu livro *Eu e Tu*, vai fundo nesse conceito quando fala das protopalavras "eu-tu" e "eu-isso". No caso do "eu-tu", dizer uma é dizer a outra. Quando tu, ele, vós, eles, em suma, o outro, perde o significado por excesso de "eu", já não há mais ética. Vale qualquer comportamento, porque o indivíduo passa a ser mais importante do que o povo, o partido, a comunidade ou a igreja. Há uma heresia moderna em curso chamada individualismo. Se, em nome do seu direito pessoal, ele quiser mostrar determinadas cenas da televisão ou protagonizá-las na rua, vence ele. Não importa se milhões não querem ver. Ele quer o direito de mostrar.

Não importa se, num bairro de cidade do interior, o povo não quer ouvir aquele pregador. Ele joga o alto-falante para a cidade, que acaba tendo que ouvi-lo falar de Jesus. Não lhe basta o templo. Seu direito de anunciar Jesus do seu jeito vale mais do que o direito dos outros de não terem que ouvi-lo. Afinal, ele é iluminado e Jesus lhe disse para anunciar o Evangelho por cima dos telhados e a toda criatura. E o seu Jesus está acima das leis de um país!

Ortega y Gasset diz que o homem moderno *é dado a afirmar a si mesmo tal qual é, a dar por bom e completo o seu haver moral e intelectual*. É um supersatisfeito. Vive de certezas. **Este contentamento consigo o leva a fechar-se para toda instância exterior, a não escutar, a não pôr em dúvida suas opiniões e a não contar com os outros.** Esconde-se atrás do "Deus me disse". **Sua sensação de que domina o assunto e conhece a verdade leva-o a exercer predomínio. Ele é o centro. Ele decide. Age como se só ele e o seu grupo existissem no mundo** (VIDAL, 1999, p. 109). Se Deus disse a ele, então ele tem que ser ouvido – e não precisa ouvir ninguém.

Os profetas que falavam em Israel, pelo menos falavam em nome do povo. Se apontavam os pecados de Israel, admitiam também os seus. Não se autoproclamavam profetas e aceitavam voltar atrás. O episódio de Jonas revela como, às vezes, o profeta não aceita ser desmentido ou contrariado, nem mesmo por Deus. Não gosta de pedir desculpas, admitir que seu milagre não foi milagre e que sua profecia não estava certa. Nunca pede desculpas por ter profetizado errado ou pelo milagre que não aconteceu. Mas os profetas bíblicos ao menos aprendiam a lição. Eram homens coletivos. Valia o todo de Israel e Israel era de Deus. Eles serviam a Deus e a Israel.

> Os discursos de agora, no rádio, nos encontros de multidão, na televisão e na internet trazem a linguagem que Martin Buber condenava. É um "eu" sem "tu". O pregador que afirma "Deus me disse" exige ser ouvido. Se alguém o questiona, ele pune ou se afasta da pessoa. Atrás do "Deus me disse" há sempre um sujeito certíssimo, um candidato a profeta que não aceita ser questionado, nem admitir que poderia estar iludido. Suas visões são sempre verdadeiras. Ele não poderia enganar-se porque é um iluminado. Em alguns casos, sua foto lá no fundo é maior do que o púlpito em que ele prega. Nesse cenário, ele proclama: "Venha que Jesus vai curar, Deus fará milagres hoje na concentração das 15h, mortos ressuscitarão, haverá curas de Aids, você

> será liberto do demônio, eu lhe garanto em nome de Jesus! Ore com fé que conseguirá. Novena infalível, corrente infalível, passe debaixo do arco e conseguirá... Deus vai ouvir sua prece. Estaremos orando por divinas revelações e você obterá tudo o que pedir. Jesus garantiu e eu, seu pregador e missionário, também garanto!".

Trata-se de um pregador da certeza e não da fé. Não tem o dogma da infalibilidade, mas o pratica sem nenhum escrúpulo. Se anunciam que três mortos ressuscitarão, eles certamente ressuscitarão. Mas não é permitido nenhum exame médico nem antes, nem durante, nem depois. Não se dá o nome da clínica nem do médico. Não se duvida de um iluminado! Vende a certeza e a confunde com fé. No marketing dele não pode existir a dúvida, nem a pergunta, nem o talvez, nem o questionamento, senão os fiéis não virão.

O fiel que ousar questionar será enquadrado ou expulso da assembleia. Não se questiona o "eu" do profeta que Deus escolheu. Não existe "tu e eu". Aquele a quem Deus fala está acima do "eu" dos outros. Os pecadores, o mundo, outras igrejas, outros grupos de igreja, outros pregadores podem e devem ser questionados, mas não o pregador da certeza.

Mais iluminado que os outros, quando ele fala, é Deus quem fala. Se ele diz que ressuscitará mais três mortos, a igreja não deve questionar. Iluminados não falham. Se ele o disse, então é porque é.

O que tais fiéis não compreendem é que estão seguindo um homem que questiona a infalibilidade dos outros, mas não admite que questionem a dele. É a Síndrome de Jim Jones, que em 1978 envenenou quase mil pessoas por causa do seu fanatismo nas Guianas inglesas. Holofotes sobre ele o tempo todo deixam o fiel confuso. Nem percebem que a luz não vem dele, mas sim de fora – e não é do céu. Tem esquema e "eu" demais naquele púlpito. E excesso de "eu" no púlpito acaba em ausência de Deus naquela igreja. Deus até está lá, mas não fala. Sua palavra depende do aval do seu iluminado... Se ele disser que algo é de Deus, então é. Se disser que não é, então não é. O mundo não tem só um papa. Tem milhares. Com a diferença de que os papas de pequenos grupos costumam ser mais infalíveis e mais inquestionáveis do que o papa de Roma!...

44

A ERA DOS PSEUDOESPECIALISTAS

O sujeito deu a entender que era literato e citou algumas obras de autores russos, árabes e norte-americanos. Um especialista em literatura o rebateu; citara oito autores fora de contexto. Deu a entender que entendia de medicina, mas quando falou em cloridrato de ciclosforinamida e amido-estearato de sódio para tratamento de dores musculares, o professor de medicina quis saber onde ele estudara. Deu a entender que sabia filosofia e teologia, mas quando falou em espiritossantogênese e do capítulo 27 de Lucas, em que se lê a história da "filha" enferma do centurião romano, não imaginava que entre aquelas pessoas simples havia uma senhora, de Bíblia em punho, que sabia achar todas as passagens; ela protestou. Nos três casos, fingiu saber o que não sabia.

Admitir que sabemos alguma coisa faz sentido, mas agir como se soubéssemos o que não sabemos é coisa de impostor. Profeta que é profeta profetiza sem alardear. A comunidade percebe por sua vida e pela constância e linearidade de seu comportamento e de suas palavras que ele tem algo a dizer. Assumir ares de pessoa culta simplesmente por ter lido alguns livros, adotar a postura de médico baseado na leitura de alguns artigos em revistas de consultório, ou apresentar-se como um pregador com o dom de cura devido ao conhecimento de doenças pouco conhecidas encontradas em bulas, pode ser perigoso tanto para quem nos ouve quanto para nós mesmos.

Uma coisa é citar alguns livros que realmente conhecemos e mostrar que o assunto nos interessa; outra, é posarmos de doutor. Mas é o que tem acontecido na mídia, no rádio e na televisão. Há entrevistados e pregadores falando como se soubessem, como se fossem revelados e como se conhecessem do assunto. Seria mais apropriado se reconhecessem a falta de conhecimento e dessem destaque, em seu palco, àqueles que realmente têm expertise no assunto.

Não faz muito tempo um entrevistado no rádio falava da África do Sul, país onde se realizaria a Copa do Mundo de Futebol, como nação extremamente pobre, violenta e com guerrilha urbana, com 97% de negros e com cerca de 34 % da população com HIV. Alguém ao telefone interferiu, dizendo que morava lá e que os dados eram totalmente falsos. Quem protestava corrigiu os dados e falou de cidades sul-africanas que caberiam em qualquer país europeu. Mostrou o lado moderno da África do Sul, que não perde para vastas regiões do Brasil. De repente, o telefone silenciou...

Foi Jesus quem disse para tomarmos cuidado com os falsos profetas (Mt 7,15; Mt 24,11). Ele falava dos pseudoespecialistas... Há muitos deles nos templos e na mídia. E pensar que bastaria se ater ao que sabem...

45

FATOS E ENTRELINHAS

Os fatos relatados na imprensa nem sempre estão isolados. Há um antes, um durante e um depois da narração. E há os entremeios e as entrelinhas. Leitor atento alinha os fatos e conclui também pelo que não foi dito, mas estava no artigo. Vamos aos exemplos.

O rapaz sequestra a jovem namorada e, cercado pela polícia, ameaça matá-la. Acuado, acaba perpetrando o crime. A mídia que fez a cobertura deixa entrever que havia problemas com o pai da vítima. Não prova, mas aponta!

Um atleta é acusado de sequestrar, torturar e matar a moça que lhe cobrava um teste de paternidade. Nas entrelinhas se lê que o pai da moça tinha problemas com a justiça. Não mostra nem prova. Dá a entender. De um jeito ou de outro, fica-se sabendo que, ao lado e por detrás de comportamentos erráticos dos jovens, existem grandes ausências. Quando, porém, a vítima tem família sólida e bem construída, a mídia nem sempre ressalta o fato. No caso da pessoa errada, registra e deixa entrever que a violência teve outras molduras. Não se aprofunda nelas, mas deixa o leitor pressentir que aquele crime teve um antes e um entremeio. Mas não prova. Não ajuda a narrativa do jornal.

É o quadro da sociedade libertária de agora. Quebra de vínculos familiares e de autoridade acontece e, em muitos casos, costuma trazer consequências. Feliz o casal que, mesmo separado não, abandona o respeito e o diálogo, nem se faz ausente na vida dos filhos. Conheço alguns. Também conheço aqueles que prosseguem nas escaramuças e litígios e se ausentam para sempre. Para alguns filhos isto dói a ponto do desequilíbrio. Outros relevam e se revelam mais maduros do que seus pais. Não há quem não conheça três ou quatro casos.

Um grande número das tristes narrativas de crimes praticados por adolescentes tem algum abandono paterno ou materno como pano de fundo. Acrescente-se ao abandono a adolescência tirana. Filhos que nunca foram corrigidos, cujas explosões foram sempre toleradas, que sempre conseguiram o que queriam, que abandonaram escola e trabalho com facilidade, que mexeram com droga, que não aceitaram nenhuma disciplina, que jamais admitiram ser contrariados são mais propensos a extremos de ira.

E extremos de ira levam à violência. Na sociedade hiperindividualista que criamos, há milhões de jovens e adultos que não admitem ser contrariados. Reagem com enorme violência a qualquer contrariedade. Triste é que não são poucos. Na raiz da violência vem anexado o vírus do "comigo não". Se os outros relevam, perdoam e deixam para lá, eles não: perdoar não é com eles! É o que lemos nas entrelinhas dos noticiários. Se matar já era fácil, na era do individualismo exacerbado está cada dia mais corriqueiro!

46

O DISCURSO INFANTILIZANTE

Falo como professor de comunicação. Não tenho como, nem posso ignorar que meus superiores me confiaram esta missão por mais de 30 anos, e que por minhas aulas passaram muitos bispos e sacerdotes que, hoje, falam nos púlpitos e pregam melhor do que eu. Não brinquei de ensinar e eles não brincaram de aprender. Sabiam de sua imensa responsabilidade – e eu, da minha. Nem orgulho, nem omissão. Fui chamado a pregar aos católicos sobre a catequese do kerigma: "como evangelizar e o que transmitir"!

Quanto aos alunos, não os formei. Tinham suficiente bagagem moral e cultural quando passaram por minhas aulas. Além disso, os outros professores, bem mais cultos do que eu, lhes deram muito mais conteúdo do que acharam nas minhas aulas. Minha tarefa era ajudá-los a entregar este conteúdo em linguagem adulta e culta, mesmo quando falassem a crianças ou a cidadãos iletrados. Cultura não é sinônimo de linguagem rebuscada. Pode-se ser adulto, simples e profundo.

Pregadores adultos

Aqui, o cerne da questão. Não deveriam pregar de maneira infantil, nem tratar as pessoas de menor cultura com termos infantis e reflexões infantilizantes, como se um adulto sem escolaridade fosse uma criança. Creio ter alertado o suficiente a todos eles para não falar com palavras "escoimadas", ainda que "escorreitas", mas que, à *la* Vieira, soubessem ser cultos e compreensíveis. Nem rebuscada demais, nem simplórios e infantis, nem infantilizantes. Não inventei isso. Faz parte dos melhores manuais de pregação em todas as igrejas e dos melhores manuais de retórica em qualquer país do mundo. Se o leitor prefere o termo infantilizador, adapte minha fala ao seu conceito.

Discurso infantilizador

Jovens e adultos cultos e graduados **criticam os sermões e falas de alguns pregadores de púlpito, de rádio e de televisão, considerando-os infantis e infantilizantes. Ouviram e viram pregadores a falar e a usar de linguagens e comparações inadmissíveis na catequese:** "O homem lá em cima, meu 'Cristinho', meu 'Jesuzinho', meu irmãozinho Jesus, Deus ficará tristinho por causa do seu pecadinho. Quem veio orar? Vocês vieram orar? 'Ocês' estão gostando desta missa? Diga 'sim', quem veio adorar e não apenas orar!".

Pode até fazer sentido com crianças de 4 a 5 anos, e até nestes casos a linguagem não pode cair nessas minimizações. Mas para um povo adulto que veio de longe, algumas perguntas e colocações se tornam ofensivas. Imagine um professor universitário usando desta linguagem com seus alunos... É achar que todos os presentes são incapazes de raciocínio. É fazer o discurso para dez pessoas quando há cinco a dez mil naquela concentração, porque a absoluta maioria quer um discurso adulto.

Mais pedagogia

Lembro-me do livro de Norbert Mette: *Pedagogia da Religião*. Ele fala da *paideia* cristã e discorre sobre Fowler, que descreve o processo de desenvolvimento da fé e da capacidade cognitiva da pessoa. Em 7 degraus, a começar do zero,

Fowler fala da **Primeira Fé**, da **Fé intuito-projetiva**, da **Fé místico-verbal**, da **Fé sintético-convencional**, da **Fé individualista-reflexiva**, da **Fé associativa** e, finalmente, da **Fé universalizadora**. No Apêndice, o autor fala dos métodos da pedagogia da religião – pedagogia que tem faltado em muitos discursos. Por isso, nunca é demais oferecer e exigir dos catequistas, dos pregadores, dos que falam no rádio e na televisão um curso básico de comunicação que mostre os fundamentos da pedagogia, da psicologia, da sociologia, da homilética, da filosofia, da teologia e da História.

Certezas absolutas

Deu-me calafrios ver um pregador leigo falar de boca cheia, ao mostrar sua Bíblia, que ele não precisava estudar, porque achava tudo na Palavra de Deus, e o que ele não sabia ou não entendia, o Espírito Santo o iluminava. Num claro discurso de *pathéin* (sentir), contra *mathéin* (aprofundar), dizia que a religião para ele era vivência e que dispensava os sabichões que pensam que Deus está nos livros. Mal percebia ele que tinha nas mãos um livro...

O mais triste foi o seu desprezo por outros irmãos estudiosos que a Igreja canonizou como fundadores de escolas, teólogos, doutores da Igreja, pensadores, santos e imitáveis por terem chegado ao Cristo pelo estudo e pela pedagogia da fé. Jogou tudo isso fora e, num discurso infantil e infantilizante, canonizou o leitinho da fé do qual fala São Paulo, descartando o que tem que ser mastigado para ser assimilado: "Com leite vos criei, e não com carne, porque ainda não podíeis, nem tampouco ainda agora podeis [assimilar]" (1Co 3,2).

A verdade é que por desprezo da psicologia e por falta de pedagogia, podemos cair na tentação de continuar dando o leite na mamadeira a quem já pode mastigar termos bem mais exigentes. Protegemos o ouvinte, mas, na verdade, estamos protegendo a nós mesmos ao nunca entrar em discurso polêmico. Aí ignoramos o número 229 do Documento de Aparecida que propõe uma polêmica serena e madura. Crianças não raciocinam nem polemizam: reivindicam, discutem e levantam a voz.

Se quisermos que o fiel católico tenha um discurso adulto, devemos oferecer a ele, mesmo que não seja escolarizado; um discurso adulto não precisa ser rebuscado, precisa ser bem fundamentado. O óbvio demais foge do mistério. Pregar fugindo do mistério, impondo-o como indecifrável, é infantilizar o fiel. O tema pode não ser indecifrável, mas não deve ser descartável. A linguagem do "Cristinho, Jesuzinho, sofridinho, santinha tristinha ao pé da cruz, Nossa Senhorinha Aparecidinha, lindinha" pode até ser admitida na boca de uma apresentadora de TV amorosa e gentil, com pouco conhecimento de catequese, mas não na de uma catequista...

Perguntar a adolescentes e jovens se eles vieram fazer amigos é coisa de adulto e é uma linguagem adulta que não entende o que é óbvio para um jovem. Quem, não sabendo o que dizer para criar clima, pergunta, numa concentração de adolescentes, "se eles têm amigos, ou quem não tem nenhum amigo?", ou, ainda, "quem não tem pai nem mãe? quem ama seus pais? quem ama seus avós"... É um desrespeito à inteligência deles.

No entanto, perguntar se, "às vezes, eles sofrem de alguma solidão, algum conflito, ou se já se sentiram incompreendidos, se já foram vítimas de injustiça, de violência, se já se viram isolados, marginalizados, sem amigos ou desrespeitados", é um bom começo de conversa entre um ser humano adulto e centenas de humanos jovens.

Discurso maduro

O perigo do discurso infantilizante ou infantilizador é achar que, simplificando tudo, faremos bem ao povo. Seria como perguntar se preferem leite no copo ou na mamadeira. Ou seria como oferecer suco na mamadeira para uma menina de 11 anos. Não dá mais! Nem as mães mais despreparadas fariam isso!

Cuidado com os vocábulos, com os verbos, com os diminutivos, com as expressões e com as perguntas. Tudo tem seu público e sua hora. Mas transformar um templo inteiro, repleto de jovens e adultos, num jardim de infância é altamente ofensivo. Foi o caso daqueles jovens, mais de quinhentos, que pediram ao pároco que pusesse outra catequista para dar o curso, porque a senhora que lhes falava tinha um discurso que nem uma criança de 7 anos aguentaria. Iriam embora, se ela continuasse a chamá-los de "minhas crianças", "meus meninos", "meus anjinhos", e se continuasse fazendo pouco caso dos cantores e das bandas que eles admiravam. Pregadora errada, em lugar errado e com discurso errado!

Fugir do infantilismo

A necessidade de estar atentos serve também a padres e até a bispos. Facilmente nos tornamos, ou ridiculamente jovens demais, ou paternos demais. Não é verdade que toda uma geração de adolescentes e jovens precise de uma figura paterna. Muitos têm pais maravilhosos, presentes e adultos, com discurso adulto e amigo para um filho que os desafia. Ouvir um pregador infantilizante é um desastre para eles e para a Igreja! Reflitamos mais sobre este tema. Tem tudo a ver com **pedagogia da religião**, pedagogia que anda em falta em alguns programas de rádio e de televisão. O curso de "Prática e Crítica de Comunicação", que ministrei por 32 anos, tinha exatamente este objetivo: **prevenir para não ter que remediar!**

47

ENFOQUES, ÊNFASES E FUNIS

Já abordei o assunto em outras aulas e outros livros. Retorno a ele, escorado em outro ponto de observação. O acento e o enfoque são necessários e pedagógicos; as ênfases aprofundam o ensino e o aprendizado, além de chamarem a atenção para aspectos importantes do discurso e do testemunho. O funil é o risco permanente de a inteligência e a vontade não buscarem outra coisa senão a mesmice.

Imagine uma cozinheira que pegasse iguarias saborosas, cada qual com seu sabor especial, e jogasse todas num liquidificador... Se fizesse o mesmo com as frutas, não conheceríamos sucos de graviola, cupuaçu e acerola... Imagine pedaços de carne, cada qual com suas características, sendo moídos para sair numa só linguiça... Perderíamos o sabor das coisas e, com o tempo, não teríamos mais capacidade. Teríamos que admitir que a cozinheira perdeu a capacidade de preparar bons alimentos.

Agora, imagine muitos pregadores que todos os dias pregam do mesmo jeito, com o mesmo enfoque, a mesma ênfase, as mesmas palavras e os mesmos temas, quando há milhares de assuntos a serem debatidos pelos seus ouvintes ou telespectadores. Imagine uma tigela de sopa com deliciosos nacos de carne, ainda inteiros, com pedaços substanciosos de repolho e verduras. Vem o garçom e afasta todas aquelas iguarias e serve apenas o caldo para seus fregueses... Não quer e não sabe servir a parte substanciosa da sopa. Dá preferência aos caldos...

Ao pregador que não deseja que seu discurso naufrague ou vá pelo funil e vire suco misto ou linguiça, não resta outra coisa senão descobrir o sabor de cada iguaria e aprender a servi-la à mesa da Palavra. A Palavra de Deus tem os seus gostos e os seus sabores. Traz interpretações e vivências magníficas. Por isso, beneditinos, dominicanos, jesuítas, franciscanos, teatinos, salesianos, dehonianos e milhares de grupos católicos vivem cada qual com seus acentos e sabores espirituais, mas todos foram chamados a provar um pouco da espiritualidade dos outros. Era como ter sua própria sopa, mas experimentar a dos outros; ter frutas especiais no próprio quintal, mas conhecer e experimentar as dos outros quintais.

Todo enfoque exagerado e fechado numa só linguagem e num só caminho de pregação redunda em perda de diálogo.

> Todo aquele que não sabe mais falar para todos e toda vez que abre a boca se revela prisioneiro dos mesmos vocábulos, mesmas expressões, mesmo discurso porque avesso a outras leituras nada acrescentou à sua mística corre o risco de jogar fora sua catolicidade e abrangência. Cai no funil.

Tudo acaba em louvor, tudo acaba em política, tudo acaba nas suas expressões. Os ouvintes católicos de outros grupos captam quase nada daquela fala, porque o pregador está impondo sua ênfase e a ênfase do seu grupo em todos os presentes, como se o catolicismo começasse e acabasse no seu movimento.

O funil existe e deve ser combatido. "*Tudo para todos, para salvar ao menos a alguns...*", dizia Paulo (cf. 1Cor 9,22). Saber pregar só sobre um tema, cantar só um tipo de canção, pregar apenas de um jeito e com abuso dos mesmos vocábulos e expressões, é perda substancial de conteúdo. Ouvir os outros, aprender com os outros, tentar entender sua linguagem, incorporá-las, tentar entender o que dizem e por que oram daquele jeito, tentar caminhar com eles na esperança de que também nos ouçam e aprendam conosco, isto seria catolicismo.

Mas se ele quer que oremos como ele e se nega a orar como nós, ou se queremos que ele ore como nós e nós mesmos nos negamos a orar com eles, alguma coisa vai mal com eles e conosco. Nem que eles fiquem silenciosos ou nós fiquemos, o mero fato de estarmos ali vai nos enriquecer.

Concelebrei uma missa em que havia onze sacerdotes carismáticos formados pela Renovação Carismática Católica (RCC). Eu, dehoniano, e outro sacerdote franciscano, com acentos e espiritualidade mais antigos que os deles, silenciamos respeitosamente quando todos os outros oraram em línguas. Como sempre acontece, um rapaz nos perguntou por que também não oramos em línguas. Ambos respondemos que não temos este dom, nem este discurso, mas temos outros valores espirituais que vêm de longe. Deus entendeu o modo de expressar deles e o nosso. Além disso, as outras partes da missa eram compreensíveis por todos. Nós nos juntamos a elas...

O risco do funil é alguém achar que somente aquele jeito se expressa a fé católica. Ordem de São Bento (OSB), Ordem dos Frades Menores (OFM), Ordem dos Pregadores (OP), Ministérios Pão Diário (OPD), Congregação dos Sacerdotes do Sagrado Coração de Jesus (SCJ), Congregação do Santíssimo Redentor (CSSR), Renovação Carismática Católica (RCC), Comunidades Eclesiais de Base (CEBs), Movimento Familiar Cristão (MFC), Encontro de Casais com Cristo (ECC) e milhares de outras siglas revelam a riqueza espiritual da Igreja. Todas têm seus enfoques e seus acentos. A nenhuma delas é permitido jogar tudo num funil e pregar como se tudo levasse a elas. Elas é que devem levar à Igreja e dialogar com as outras, aprendendo e ensinando.

Em minha formação entraram valores franciscanos, jesuítas, beneditinos, trapistas, aprendo com os redentoristas, os capuchinhos, os paulinos, os salesianos, e sei que isso me faz cada dia mais dehoniano. Não imponho a nenhum deles o nosso modo de orar quando estamos juntos, apenas nós, os dehonianos. Eles são convidados a seguir nossos manuais de preces quando nos visitam, assim como seguimos os deles quando os visitamos. Mas se o trabalho é em comum, nenhum impõe seu jeito de orar.

Há um modo coletivo da Igreja que serve a todos. Fazemos o mesmo com nossas canções. A maturidade exige que não cantemos só os nossos cantos quando estamos juntos em assembleia: um pouco deles, um pouco de outros, outro pouco nosso.

***

É esta unidade na diversidade que não permite a um pregador maduro afunilar o seu discurso. Cada qual fique com seus acentos, mas na hora e no lugar certo. Que todos conheçam a linguagem aberta e universal da Igreja, para que não ocorra alguém falando "dehonês", outro "jesuitês", outro "carismatês" e ainda outro "beneditês". Quando estamos juntos, que ninguém imponha sua linguagem sobre os outros. Se formos maduros, descobriremos o discurso da unidade. Se não formos, imporemos os nossos vocábulos e as nossas canções. E se alguém, legitimamente, reclamar, ainda diremos que ele é contra nós e contra a Igreja, porque não nos deixa sermos quem somos no meio dos outros. É que existe uma linguagem da Igreja que deve ser entendia por todos. Esta respeita os valores de cada grupo. A nenhum pregador é facultado o direito de desconhecê-la. Quando em Paris, em Roma ou em Atenas, tente aprender o jeito deles. Não imponha sua língua, nem espere que se adaptem a você. Quando voltar para casa, fale o seu português especial. Mas lá, aprenda ao menos um pouco de francês, italiano ou grego! São culturas maiores do que a nossa. Viemos depois...

48

DESSACRALIZAÇÃO

Num mundo que **dessacraliza**, como posso trabalhar para que não se perca a noção do sagrado? Excesso de sagrado pode levar a fechamentos de quem só vê Deus daquele jeito ou vê Deus ou demônio em quase tudo. São muitos os grupos que, tentando sacralizar, na verdade, dessacralizam, porque banalizam, tornam chulo, inventam milagres, demônios e graças. **Excesso de ênfases prejudicam as verdadeiras ênfases...**

49

ESPETACULARIZAÇÃO

Na liturgia tem havido muita "espetacularização". Esta ganha o rótulo de moderna e avançada, mas, na verdade, é retrocesso, porque geralmente salienta demais o pregador ou os cantores e ignora a mistagogia. A "espetacularização" da missa põe os fiéis à disposição do padre animador, mas não da Igreja. Vão lá por causa dele e do inusitado, e não do Cristo. Vão pelo show e não pela doutrina. O padre que capitaliza isso torna-se responsável pela espetacularização do sagrado. Lembra as peças que atraem espectadores não pelo conteúdo, mas pelas tiradas fora do texto, ou pela nudez da atriz!...

Altar não é palco

O altar transformado em palco perde o seu aspecto de lugar sagrado. Equivale à blasfêmia. Vira missa do padre e não do povo de Deus em Cristo e no Pai. Está claro nos documentos já citados neste livro. Músico deve liderar o povo na canção, mas é o povo que deve cantar. Música ou presença açambarcante do pregador é excesso, tanto quanto chocolate demais faz mal. Presidente demais na assembleia diminui a assembleia.

O testemunho da miss

Um exemplo de como se deve enfrentar a "espetacularização" foi o testemunho de uma miss que, nos anos 1980

– escapa-me o seu nome –, ao ser questionada sobre como se sentia sendo a mulher mais bonita do estado, serenamente respondeu que fora a mais votada entre as que estavam presentes no concurso, mas isso não significava que ela era a mulher mais bonita do estado, nem a mais bonita do concurso. Venceu por uma série de quesitos, mas reconhecia que outras amigas suas eram mais bonitas.

Pôs sua beleza em seu devido lugar! Não aceitou a espetacularização da beleza. Aquilo iria passar. No momento, porém, ela queria representar a presença do feminino no seu estado, até que outra o fizesse! Pôs coisas em seus devidos lugares. Somos convidados a dimensionar corretamente nossa participação na Eucaristia.

50

O VALOR DA TRANSITORIEDADE

Um termo que deve ser cotidiano na vida do comunicador é a palavra **transitoriedade**. Nós e as coisas somos transitórios. Passaremos, ninguém é insubstituível. Por isso, devemos entender a transitoriedade da nossa missão. Eu passo. Não devo levar pessoas a mim.

Tal conceito evitará a idolatria. Em comunidades de vida, é preciso dar espaço a outros. Não é bom que um casal presida um grupo por tempo indeterminado. Por mais santo que seja, vinte anos é demais. Sufoca as outras lideranças. Liderança temporária é coisa boa e pedagógica. Que haja eleição e os fundadores cedam seu posto a outros.

Pena que nem todo mundo seja um Nelson Mandela! Estão mais para Fidel Castro e Hugo Chávez do que para Mandela. Perpetuam-se no poder porque não conseguem imaginar que haja alguém capaz de levar adiante o projeto do Senhor. A transição serena acontece nas Ordens e Congregações. Superiores ficam no cargo três e seis, ou no máximo doze anos. Mas há comunidades de vida onde o casal líder está lá há trinta anos... Falta alguma coisa naquele grupo!...

51

CRISTO URGENTE

Está em moda o anúncio urgente do Cristo. "Jesus vem! Aqui agora, já! Converta-se hoje mesmo. Breve, o Cristo virá! Não espere mais!". A pregação urgente gera igrejas urgentes e fiéis urgentes. É assim que igrejas e fé se urgentizam.

Quem faz isso, retirou a essencialidade de Deus. Apressam até o Senhor Deus. Dão prazo para sua vinda, coisa que Jesus deixou claro que ninguém sabe (cf. Mt 24,36-39). Com a mundialização, as pessoas cada vez mais demonstram dificuldade em esperar. Diminui o número de pregadores pacientes. O cultivo é apressado e também o é a semeadura. Pregadores despreparados são jogados diante de microfones e câmeras. Lembram hospitais que, na falta de médicos, permitem que qualquer enfermeiro opere os pacientes. Pregadores impacientes e urgentes apressam a semente e colhem o fruto verde da fé, que jamais amadurece, porque é consumida na hora: "Na próxima semana haverá outras campanhas: 'dos quatro portais', 'das águas perfumadas do Jordão', 'do spray contra o mau-olhado' ou, ainda, a campanha 'da retribuição abundante'. 'Cristo hoje, agora, já, não espere mais!'".

Armazenar sabedoria

Sabedoria armazena sabedorias. Quem não armazena saber, não saberá comunicar com profundidade. Há quem chame de unção o que deve ser chamado pura e simplesmente de preguiça mental.

Quem não estuda para pregar, afirmando que o Espírito Santo lhe dirá o que dizer, é um pregador presunçoso. Cabeça torta não faz o santo. **Aliás, quanto mais torta a cabeça do pretenso santo, mais tortas as ideias.** Não é santo quem dá o coração para Deus e lhe nega a cabeça! Nada se deve fazer sem unção e sem conhecimento. Mas a unção não pode substituir a falta de esforço e de preparo. Deixaria de ser unção!

"Geração sobremesa"

Vivemos a "geração sobremesa". Logo se deixa o alimento sólido e se parte para o bombom da fé. Mal começam a mastigar o sólido e já pulam para o doce da sobremesa. Lembram crianças que só querem o sorvete. O alimento saudável elas rejeitam, porque não é gostoso nem doce!

Querem tudo pronto. Não aceitam carne com osso. Tudo tem que ser desossado pela mãe. Em termos de fé, também querem um Jesus que não dê trabalho. Preferivelmente querem um Jesus pronto para consumir, do gosto de cada qual e pronto para ser consumido. Já querem o quebra-cabeça pronto e resolvido. E não faltam pregadores que lhes ofereçam exatamente o que desejam em tardes ou noites de amarração dos demônios da dengue, da diarreia e do desemprego.

Vem tudo pronto naquela tarde! O fiel pode ir para casa sossegado, porque o mal foi amarrado! Antigamente, quem praticava isso eram grupos não cristãos. Hoje, igrejas que se afirmam cristãs ressuscitaram tais práticas mágicas. É só ir lá na frente, ou passar pelo portal da graça, ou aceitar nos pés o spray da fé, que tudo ficará mais fácil... Também, entre nós, católicos, há grupos oferecendo soluções imediatistas e mágicas. Você vai lá e faz o que lhe mandam. Algum demônio será vencido naquele dia pela prece que você fez. Como se fosse assim tão fácil!

Catequese progressiva

A pedagogia da catequese progressiva em muitos casos foi deixada de lado. No seu lugar entrou a fé do agora-já. **Venha lá que as coisas acontecerão naquela mesma tarde!...** Coisa de marketing errado da fé. Uma coisa é divulgar, outra é garantir!

O Jesus urgente tem milagres com lugar e hora marcados. Tudo vem depressa. **Com isso, os fiéis não mais procuram o Deus que vem, mas o Deus que lhes convém.** E nunca falta um pregador para oferecer esse Deus conveniente.

Sem passado e sem futuro

O pregador urgente fala do agora-já. É a igreja urgente que não tem ontem, nem amanhã. Perdeu-se o sentido do passado e do futuro. Assim, como alguns políticos acham que o Brasil começou com o seu partido no poder, outros acham que tudo de bom começou com seu grupo, sua igreja ou seu movimento. Um pouco de história não lhes faria mal nenhum!

A realidade é bem mais exigente. No mundo há cerca de 300 milhões de pessoas com depressão, doença gravíssima que, no Brasil, atinge 19 milhões de pessoas. Entre estes há santos bispos, sacerdotes, pastores de vida santa. Mas a doença não respeita classe. É sofrimento e dor aguda. Quando Jesus disse que sua alma passava por tristeza mortal, ele estava vivendo isso. Depressão não é demônio, mas doença. Mas não falta quem pregue que é coisa do demônio. Se lessem mais, saberiam que a doença é antiga e o que ontem atribuíam ao demônio, já se sabe de onde vem.

O bom comunicador não pode ser sistólico, fechado. Como o par de óculos que uso me ajudou, isto não significa que todos os que me ouvem devam usá-los. Meu movimento foi bom para mim, mas pode não ser para outros. Minha congregação me ajudou, mas nem todos se dariam bem entrando no nosso grupo. Devo incentivar quem quer ser franciscano, jesuíta, carmelita, vicentino, paulino, redentorista, da Renovação Carismática Católica (RCC), das Comunidades Eclesiais de Base (CEBs), a seguir em frente. Não têm que ser dehonianos como eu. Há outros com outras místicas!

Quem é ditatorial segue um esquema, a ele se escraviza, só ouve seus pregadores e só lê seus livros, só canta suas canções e perde a chance de conhecer a riqueza da Igreja que vem por outras fontes. Pobre de quem descarta quem não se enquadra. Neste modelo, a novidade dos outros não interessa. É dos outros, logo, não pode ser boa!

Com esse tipo de religião imediatista e perecível, bons livros e boas canções ficam na prateleira, porque não são daquela igreja nem daquele grupo.

52

NARCISOS NA MÍDIA

Gostar de vinho e, em vez de usar a taça, beber do gargalo com sofreguidão; gostar do bolo e, em plena festa, por entre elogios à doceira, servir-se de cinco pedaços, é ridículo. Todo mundo percebe que a pessoa é descontrolada. Quem não percebe que extrapolou, perdeu a noção de si e da festa.

Acontece o mesmo no palco e no púlpito. Na festa da comunicação, há pregadores das mais diversas igrejas que fazem uso da mídia com classe, leveza e moderação. Fazem como o conviva ou o anfitrião, que sabe o limite: seguram a taça e os talheres com elegância e não passam dos limites. Alimentam-se sem espalhafato. Depois, há os outros... Mas estes jamais admitem que passam dos limites. São narcisos de mídia e não percebem.

A tentação de Narciso, Apolo e Adônis e a de Vênus e Eco costumam mexer com algumas pessoas que não são do ramo. Supervalorizam a estética. Artistas e locutores serenos aprendem rapidamente a portar-se no palco ou diante do microfone. Sabem o que dizer e o que não dizer, como e onde se colocar. As câmeras funcionam como espelhos e os microfones como revérberos. Eles percebem imediatamente se há excessos.

Os menos preparados correm o risco de gostar demais da própria imagem e do som de sua própria voz. Não ouvem os amigos. Chegam a romper a amizade se alguém lhes diz que projetam errado sua imagem e mensagem. É próprio do Narciso não ter o que aprender. Aulas e curso de comunicação, para quê? Se eles têm o dom, o que mais alguém lhes poderia ensinar? Lembram o enfatuado personagem Alberto Roberto, do comediante Chico Anísio. Aparentava saber tudo, mas fazia tudo com mediocridade.

A vaidade é esta irmã gêmea do orgulho, que às vezes se disfarça de maneira sutil. Os outros percebem, mas o vaidoso não percebe o quanto extrapola. Lembra a moça do baile que não percebe que apareceu demais! Lembra a senhora que exagerou na dose de perfume francês. Perfume certo, dose cavalar!

O vaidoso cai no ridículo ao não perceber o que todos percebem: ânsia de agradar e de repercutir. Na mídia, é facilmente detectável o comportamento de Narciso, de Adônis ou de Ninfa. Quando o objetivo a ser alcançado passa a ter mais valor do que o objetivo já alcançado, a parcimônia é deixada de lado. Peão que é peão domina a rédea. O outro corcoveia mais do que o cavalo!

Trai seu despreparo todo aquele que extrapola no uso da mídia, nas palavras, na postura, no jeito de usar os instrumentos. Três taças de vinho traem o conviva. Em pouco tempo estará sem assunto. Excesso de mídia acaba com o comunicador. Mas sei de poucos que aceitaram se expor menos! Beberrões raramente acham que beberam muito!

53

COMUNICAR PARA O FUTURO

Jacques Attali, na obra *Uma breve história do futuro*, afirma que hoje se decide o futuro de 2050 e se começa a decidir como ele será em 2100. O autor afirma que, por volta de 2035, o poder não estará nas mãos de apenas duas nações, mas haverá 10 a 12 polos com poder. Há quase cinco décadas, eu abençoava a primeira estação de metrô. Hoje, o metro transporta milhões de paulistanos. Os técnicos sabiam? Sim, sabiam! Previram o futuro.

Bons governantes preveem o futuro e governam também para quem virá. Bons pregadores deveriam fazer o mesmo. Quem assusta o povo com demônios da diarreia e da unha encravada, num tempo em que sabe exatamente o que as ocasiona, não prega nem para hoje nem para o futuro, prega para a Idade Média.

Quando ainda se pensava que bactérias eram demônios do ar e que a gripe vinha por tais demônios, naquele tempo também se ensinava que o inferno ficava debaixo do vulcão Etna! Os teólogos sérios não eram ouvidos! Popular era quem pregava sobre o número de pessoas que havia no céu e no inferno e quantos se salvariam. Inventavam números como ainda hoje se faz...

Não é magia ou profecia prever um tipo de futuro. Era fácil prever na China, onde, nos anos 1960, era proibido para um casal ter mais do que um filho, que, com esse controle, a população diminuiria. Era também fácil prever que seria em 40 anos um país sem tios e primos... O que virá também é previsível. Não há partido comunista que segure um povo sem parentesco! Pode-se prever o futuro do Brasil se o governo continuar gastando mais do que arrecada! Chegará o dia em que os impostos não serão suficientes e a exportação não cobrirá as despesas. Os outros povos também ficam sem dinheiro...

Prever a fé numa economia de mercado

Quem está mais alto tem visão panorâmica, sabe o que está acontecendo e o que deverá acontecer com a Bolsa e com o bolso do povo. Quem tem motor, tem mais condição de escapar da enchente, ao contrário de quem não o possui. Estudiosos fazem afirmações do que provavelmente acontecerá, porque alguém que avaliou como foi no passado, poderá dizer como será no futuro. É como ciência, que pode afirmar como há de ser a temperatura do mundo nos próximos anos. O que foi jogado no ar e nas águas e as emissões de carbono mostram para onde estamos indo.

Estudiosos da temperatura avisam, mas não estão sendo ouvidos. Estudiosos de comportamento humano alertam, mas não são levados a sério. Geólogos previram deslizamentos, mas não lhes deram ouvidos. Sabe-se que todo império se formou por expansionismo e morreu de consumismo. De certa forma, o consumismo governou o mundo. Continua a governar. As nações enriquecem e se refestelam e depois não conseguem aceitar nenhuma disciplina. Vem a revolta e a desordem. Quem foi rico não consegue viver com menos.

Como anunciar Jesus e suas ideias numa sociedade que não admite devorar menos e que consome água, polui mares, ares e subsolo em proporção de catástrofe? Como pregar a fé moderadora num mundo onde cada povo se acha no direito de ter sua bomba atômica?

Historiadores do futuro sabem como vai acontecer. Não é preciso ser profeta para saber como será um mundo onde o indivíduo vale mais do que a comunidade. Há pessoas capazes de prever comportamentos coletivos, pois a humanidade segue tendências. Lembram baleias e lêmures suicidas. Seguem a liderança e encalham juntas.

O mundo está se tornando um enorme estopim e todos corremos o risco de explodir. Nada mais será igual depois do ataque com gás sarin em Tóquio e dos aviões no World Trade Center. Vinte pessoas enlouquecidas de ódio podem mudar o curso da história. Os países mais visados serão os de maiores recursos naturais: Canadá, Austrália, Brasil e Argentina, e talvez alguns países africanos. O mundo não vai parar de consumir e se voltará para quem tem! Em 30 anos, seremos mais de 9 bilhões de habitantes no planeta. Estas pessoas quererão comer... Os povos pagarão pela comida que se produz fora daquelas terras? O novo ouro se chamará água e alimento. Os governantes do Brasil de hoje precisam pensar no que acontecerá conosco amanhã. Pregadores precisam preparar pessoas para esta perspectiva.

O tempo vai ser mercadoria cara. Saberão as igrejas ensinar o fiel a usar bem do seu tempo? Para o mundo sobreviver, terá que haver intervencionismo humanitário. O que farão as igrejas? Teremos que conviver com outras forças. Não somos a única. Em poucas palavras, para se ter chance no futuro, é preciso ser agregador.

Outra vez será preciso educar os padres que ainda desejarem ser padres daqui a 40 anos, para serem aproximadores, essencializadores e mestres da solidariedade. Terão que saber orar muito, mas terão também que conhecer muito bem a doutrina social da Igreja. O mundo precisará, mais do que nunca, de homens mestres do diálogo.

Prepare-se para esta época. Você a verá!

54

COMO LEÕES E HIENAS

Se você vê televisão, certamente já viu a luta entre leões e hienas em bandos, disputando uma presa. Sendo feras destituídas de razão e sem critérios morais, elas saciam sua fome como podem. Havendo só leões, todos, seguindo a hierarquia das feras, acabam conseguindo mais do que apenas ossos.

As hienas, apesar de serem pequenas em estatura, tornam-se uma ameaça quando agem em grupo, atacando os leões, roubando sua presa. Se os leões, também em grupo, não as afugentam, as hienas conseguem vencer os leões que estão sozinhos. Mas a união das hienas não faz a força, porque atacam em bando, mas não partilham. É quem mais pode! A selvageria é total. Hienas não partilham. Só vão embora quando saciadas. Hienas feridas ou mais fracas morrem de fome. Na hora de atacar, vigora o "todos por um". Mas na hora vitória, vigora cada um por si.

Os partidos políticos, seja na democracia ou na ditadura, agem como hienas. Na vitória, puxam tudo para seus partidos e, nos partidos, ou no partido único, as vantagens ficam com a hierarquia e com os vencedores. Ao povo que vota no candidato, mas não tem força depois disso, sobram 10% ou 20%, porque as exigências dos partidos ou do partido único são tantas que, se houver fome, nenhum político ou ninguém da elite morrerá. O povo, sim!

A mentalidade de hiena tomou conta dos povos ricos, e entre os povos pobres vigora a mesma injustiça. Primeiro os vencedores e a elite. Quem pode menos, paga impostos escorchantes, ganha salários aviltantes e, se reclamar, será preso. Continuamos selvagens e hienas, enquanto brincamos de apoiar novas ideologias. A justiça e a caridade raramente vigoram na política.

55

ECOAR E REPERCUTIR

Para quem, apesar de suas muitas leituras, não conhece etimologia, **catequese** vem de ***cathechein*****: ecoar, repercutir, passar adiante a mensagem recebida.** A lua não tem luz própria, mas reflete a luz do sol. A caixa de som estrategicamente colocada amplia e repercute o som do palco. Graças a ela, mais gente ouve o que se canta lá longe. O atleta que passa a tocha adiante repercute a luz que não é dele, mas que não chegaria sem ele. O pregador que passa a mensagem adiante, reflete e repercute. O que ele diz não veio dele, mas se não passasse por ele, não chegaria ao seu povo.

São formas de catequese. Passamos adiante não o que nasceu de nós, mas o que nos antecedeu e veio de outro que tem mais a dizer. Então renunciamos às nossas ideias pessoais e oferecemos as de outro, que tem maior conteúdo. São ideias e doutrinas não nossas que merecem ser conhecidas. Toda catequese é um exercício de humildade.

A dona de casa, que conhece uma receita saborosa, passa adiante porque deseja que outras famílias conheçam o sabor que ela conhece. O leitor de um bom livro passa adiante a sua descoberta. O religioso feliz passa adiante a doutrina que lhe fez bem. Não se deve impor nem mentir, da mesma forma que não se mente sobre uma receita e não se força um bolo na garganta dos outros, por mais saboroso que seja. Oferecemos e deixamos que o outro escolha. Se não quiser nosso bolo, respeitaremos. Se não quiser nossa Igreja, também respeitaremos. Ele terá outros sabores que também lhe fazem bem.

Pessoas sensatas agem desta forma. Passam adiante e repercutem com serenidade. As insensatas fazem como a dona de casa que enfiava no prato das visitas o seu famoso guisado. Tinham que provar do que ela provara. Aí está a diferença entre a boa e má catequese.

Pode-se fazer uma catequese errada com doutrina certa, uma catequese certa com doutrina certa e uma catequese errada com doutrina errada. O conteúdo pode até ser bom, mas a maneira pode ser desrespeitosa. Ou a maneira pode até ser gentil, mas o conteúdo pode conter erros crassos. O simpático pregador que disse que Deus não perde tempo com quem não quer ouvi-lo foi suave e doce, mas mentiu e passou um conceito errado de Deus. Fez anticatequese com jeito suave de catequista.

Aprendamos mais sobre o que é evangelizar e o que é catequizar. É repercutir a boa-nova sem introduzir elementos estranhos demais ao seu conteúdo. Não sejam os catequistas como o entregador de pizza que dava sempre um jeito de abrir o pacote e acrescentar seus temperos na pizza que entregava...

Infelizmente é o que alguns catequistas e pregadores andam a fazer.

56

CATÓLICOS DESAFIADOS

A mídia já foi mais favorável aos católicos, mas o clima tem mudado, causando confusão. É mais fácil deixar de ser católico do que prosseguir numa Igreja atacada por todos os flancos. Não é complexo de perseguição. É fato. Os motivos? Lemos, vemos e ouvimos todos os dias na mídia.

Óvulo, espermatozoide, blastocistos, embrião, feto, fertilização *in vitro*, Lei de Biossegurança, células-tronco embrionárias, células-tronco adultas, aborto, embriões desperdiçados, pesquisas, bioética, clonagem, ser humano, pessoa, camisinha, pílula, ato criador... Tudo isso é fonte de conflitos.

Acusam-nos de não entender estas coisas e de supersimplificar o que é complexo. Ignoram nossos cientistas e estudiosos e acham que só os cientistas deles entendem de vida. Não acham que um cientista possa ser católico. Decidiram mostrar os católicos como inimigos do progresso da ciência e favor da vida. Comparam-nos aos católicos do tempo de Kepler, Copérnico e Galileu Galilei na questão da astronomia. Não admitem que possamos ver tão ou mais longe do que eles...

Virou guerra de mídia. Vence quem mais convence. A verdade fica em outro departamento. Cada um com a sua! Mas que vençam no parlamento os que mais provarem que é preciso favorecer o aborto, a pesquisa com embriões e o desenvolvimento dos novos achados.

O tubo de ensaio mais uma vez desafia a fé. Aqueles que creem no Criador e O veem como o Senhor da vida aceitam melhorias, mas não à custa do sacrifício de vidas já iniciadas. Enquanto alguns argumentam que o pequeno ser em formação ainda não é humano, a Igreja afirma que é.

É, não é, é não é... Concepção, contracepção, gestação, interrupção, inferência, rejeição, extração, intervenção, aborto terapêutico, aborto, abortivos, contraceptivos, pílulas, tudo se torna assunto para acusação, discussão e debate. Até quem nunca leu senão artigos esparsos e apenas ouviu alguém na televisão, ousa chamar de ignorante o cientista ou médico católico que se debruçou sobre o assunto por 30 a 40 anos. De repente, o telespectador irado sabe mais do que cientistas de 70 anos e 40 de estudos de biologia e bioética.

Eles querem liberalizar e nós queremos que nesse assunto de vida não se vá a ponto de matar para salvar. Eles dizem que não é morte de um ser humano. Nós dizemos que sim. É a guerra dos embriões. Eles querem o direito de usá-los em favor de outras vidas. Nós dizemos que vida concebida é sagrada. É a guerra do sexo. Eles dizem que toda forma de amor é válida. Nós dizemos que não e estabelecemos limites.

A sociedade é democrática. Não tiramos deles o direito de falar. Não aceitamos que tirem o nosso. Nem nós os ofenderemos, nem eles nos ofenderão por conta de um ser que ainda não nasceu. Que falem. Nós também falaremos!

57

MÉDIA, MÍDIA E CUSTO-BENEFÍCIO

Habitue-se a ler o que vê na mídia, não apenas do seu, mas também do ponto de vista de quem a utiliza, indo e atuando nela. Quem vai, às vezes não mede o custo-benefício, da mesma forma que há peões despreparados que montam sem levar vantagem alguma do risco que correm. Peão que é peão sabe como, quando e que animal montar e sabe o que fazer com as rédeas, e também sabe quando pular fora daquele lombo.

Cavalo xucro

Já escrevi que mídia é cavalo xucro que joga fora o peão incômodo e que raramente se deixa domar. A mídia é montaria que muitas vezes quem monta é ela, e porque é feita de muitas cabeças com um objetivo. Muitas vezes não é o artista que decide. Ela decide e o artista vai por onde a mídia quer. Ele tem que sobreviver. Um outro escreve e ele aceitou o papel. Nem sempre é o que ele pensa, mas é pago para isto.

O peão que pensa dominá-la por muito tempo é um iludido. Ou ele faz o jogo, ou não chega lá aonde pretende chegar. Alguém tem que ceder e este alguém não é o complexo chamado mídia. Como em qualquer grande indústria, o funcionário ou executivo tem regras a cumprir, se não quiser ser alijado da carreira.

Mídia é mais do que instrumentos. É um organismo composto de objetos, máquinas e humanos. Um avião voa, não porque tem pilotos que o comandam, mas porque tem centenas de pessoas acompanhando seu voo e cuidando de suas peças. Os grandes aviões não são empresas de dois pilotos. Assim é também a mídia.

A mídia é um enorme cavalo xucro em cujo lombo viajam milhões de comunicadores, milhões de leitores, de ouvintes e de apresentadores. Quem quer aqueles leitores e ouvintes vai ter que se dobrar às regras da mídia. Quem não aceita as regras caia fora do mercado ou venda seus pastéis e suas hortaliças na porta do vizinho!

Ouvi isso de um diretor de empresa de comunicação que me convidava a entrar no esquema. Deixou claro que meu produto era de excelente qualidade, mas se eu quisesse sair do esquema de feirinha de bairro eu teria que pensar grande e pesar os custos e benefícios. Respondi que preferia pensar pequeno exatamente porque eu pesara os custos e os benefícios. Não é vida que desejo para mim, nem a pastoral que gostaria de exercer; não daquela forma e não associado àquele grupo... Não víamos a mensagem nem a fé com os mesmos olhos.

58

MÍDIA E CUSTO-BENEFÍCIO

Mídia não é montaria apenas de um dono. Tem suas regras e seus caprichos. Quem for lá, precisa se inserir, aderir e não tugir nem mugir. Se quiser chegar, terá que entrar no vagão tocado por locomotivas que não pensam como o artista ou o comunicador. Mas, se quer chegar à multidão, o quanto antes e com o maior resultado possível, terá que pertencer a um corpo tão forte ou até mais forte do que a sua comunidade.

No caso do religioso – e já abordamos o tema – terá que saber a quem dirá "sim". Se a Igreja lhe disser que não pode, saberá ele desmontar dos veículos que lhe deram projeção, dinheiro, fama e poder?

Busca de aprovação

Tudo o que funciona na base da aprovação, vive desta busca e, por ela, se for preciso, sacrificará princípios e ideais. É que atrás da aprovação vêm benefícios: carreira, reconhecimento, mais vendas, muito dinheiro, portas abertas e auréola de intocável ou intangível. Alguns chegam aonde queriam chegar: ao "status de estrelas", com guarda-costas e benesses da fama, olhares encantados e o permanente frisson das fãs.

Milhões de adolescentes, meninas bonitas e artistas sonham com este estrelato. Visam o patamar de cima – se possível, muitos andares acima. Do sonho não escapam nem os pregadores, muitos dos quais, nas mais diversas igrejas, não escondem seu desejo de notoriedade e fama. Miram muito além do púlpito e do altar nas missas e cultos de domingo. Querem multidão à frente de seus microfones. É preciso estar bem claro na mente do pregador que mira as multidões, o que fará com a fama, se ela vier, e o que fará se ela não vier, ou como sobreviverá feliz se ela vier e for embora.

Testemunho

Acho que posso falar deste tema com alguma autoridade. Sou razoavelmente conhecido na nossa Igreja e ainda repercuto entre católicos e outros grupos religiosos. Cinquenta e cinco anos não são doze meses. Não busquei um lugar na mídia, não fiz média, não persegui a fama, renunciei a ofertas polpudas e fui taxado de esnobe ou tolo por não ter me desviado da proposta inicial de comunicação e de púlpito que eu buscava.

Tive a chance de aprender e aprendi os limites da mídia. Estudei nos Estados Unidos no que se caracterizou como *a era do grito*. Era tempo de estertores e de gritos contra o Vietnã, onde jovens morriam em vão. John Kennedy, um presidente jovem, foi assassinado em 1964. Malcolm X, esperança da revolução negra, fora eliminado. Como nunca, agora com repercussão imediata na mídia, valia a Lei do Colt. O líder negro Martin Luther King morreria, também ele, assassinado. No que estava em vias de se tornar a casa da Mãe Joana, onde todos gritam e ninguém ouve, morria-se por buscar a ordem no meio da liberdade. No outro lado da guerra fria, morria-se por tentar cruzar fronteiras em busca da liberdade. Matava-se o dirigente que buscava diálogo e matava-se o que dialogava. Indivíduos se achavam no direito de interferir em qualquer política: tinham arma na cintura e um fuzil na maleta! Nada diferente com os assassinatos em Roma Imperial e em Israel e Judá no tempo dos reis.

Era da orgia

Jean Baudrillard a chama de "era da orgia". Era orgia comportamental, êxtase coletivo, era do "é proibido proibir" e do "indivíduo que matava em nome da insatisfação pessoal". Tornou-se também a era da fuga e da alienação. Deus era lindo, todos deviam entregar-se a ele. As estrelas eram lindas, o céu era lindo, todos deviam entregar-se a ele. As flores eram lindas, a droga e o fumo eram lindos: todos deveriam experimentar o efeito da flor. Você flutuava além dos limites deste mundo cheio de limites... Fazer e provar era melhor do que pensar e planejar!

Dias de estudada alienação

A mídia assumiu papel preponderante naqueles dias de agito nas universidades, como em John Hopkins e Berkeley, ou nas rebeliões niilistas como a Brigate Rosse, Baader Meinhoff, ou libertárias como Montoneros. O mundo sonhava um mundo novo, mesmo sem um homem novo.

Timothy Leary virou guru da viagem química, a droga LSD, conhecida como ácido lisérgico, e a maconha foram cantadas em verso e prosa, como em *Puff the Magic Dragon* e *Lucy in the Sky with Diamonds*. John Lennon propunha que seus ouvintes cantassem com ele um mundo sem religião, sem céu e sem países. Woodstock propunha liberdade do corpo e das ideias; ídolos de comportamento fora do padrão atraíam milhões de fãs; Beatles, Elvis Presley, Marilyn Monroe. E havia cantores intocáveis ao poder econômico, como Frank Sinatra, associado à máfia americana. Os livros da hora eram *O renascer da América*, de William Reich, e outros que apontavam para os benefícios da revolução de costumes e um mundo sem amarras.

***

Era a grande revolta comportamental. Segundo eles, nascia ali um mundo novo, hipercapitalista e hiperindividualista. O coletivo de então serviria apenas para ressaltar a liberdade total do indivíduo. Era a época do "Faça amor, não faça guerra", era do *Flower Power*, do poder da flor e dos hippies, do "Viva a Vida como lhe aprouver e deixe o outro viver como ele quiser! Chega de esquemas e de regras!".

Calem a boca, ultrapassados

Naqueles dias, um dos hits mais significativos era *The Times They Are A-Changin'*, de Bob Dylan, hoje idoso e bastante moderado em suas reflexões. Mas eram tempos de mundo novo e soluções na base do grito.

O texto traduzia um modo de pensar atrevido, mágico, midiático, de confrontação, de quebra de vínculos. E era dirigido aos adultos de então. Já o abordei de maneira acessível aos jovens adultos no meu livro *A Geração Insatisfeita* (1991). Eis o texto:

Os tempos, eles estão mudando

> Vamos lá, minha gente
> para onde quer que estejam indo
> Juntem-se e olhem as águas subindo ao seu redor.
> Comecem logo a aceitar o fato de que logo, logo
> estarão encharcados até aos ossos.
> E se acham que vale a pena salvar alguma coisa,
> então comecem logo a nadar,
> se não quiserem afundar como pedras...
> Porque os tempos, eles estão mudando!

E vocês, escritores e críticos que profetizam com canetas,
tratem de conservar seus olhos bem abertos.
As chances não tornarão a acontecer.
E não falem tão cedo, porque as rodas-vivas
Ainda estão girando e ainda não dá para apontar nomes.
Porque o perdedor de agora será o vencedor de amanhã.
Porque os tempos, eles estão mudando!

E vocês, senhores congressistas, façam-se
o favor de ouvir este aviso
Não bloqueiem as entradas nem atrapalhem os corredores
Porque aquele que ficar ferido é o que vai ditar as regras
A batalha lá fora está pipocando
Logo sacudiremos as estruturas e abalaremos este país
Porque os tempos, eles estão mudando!

E vocês, papais e mamães de todo o país
Venham e não critiquem aquilo que não entendem
Seus filhos e filhas escaparam ao seu controle
O caminho de vocês está ficando cada dia mais velho.
Façam o favor de sair deste mudo novo,
se não sabem ser úteis a ele
Porque os tempos, eles estão mudando!

A linha que foi traçada já não serve como limite
O que agora vai devagar, logo, logo andará mais depressa
É que o que agora é o pior, amanhã vai ser o melhor
A ordem estabelecida está em agonia
Os que hoje são os primeiros, amanhã serão os últimos
Porque os tempos, eles estão mudando!

A mídia da época viu tudo isso e capitalizou. Assumiu e divulgou quem se opunha até mesmo a ela, e faturou bilhões em cima da contradição. Industrializou o protesto em roupas, discos, livros e filmes.

Explosão que prossegue

Apanhamos os resquícios daquela era na qual Baudrillard, em seu livro *A Transparência do Mal*, se refere como a era **pós-orgia**. A supremacia do capitalismo e do indivíduo continua. Socialismos derrotados, ainda que sempre ensaiando a volta, capitalismo semidomado, bancos em crise mas de nariz empinado, nova ordem nunca estabelecida, novo mundo nunca encontrado, a humanidade continua tateando de terror em terror, de tratado em tratado e de ascensão em ascensão em busca de um jeito de conviver sem se eliminar. Somado a isto, depois do setembro fatídico, nos começos do novo século, com o terrorismo no quintal da nação mais rica do mundo, espoucaram focos de terror de fundo religioso com milhões de novas vítimas. Era o ódio em nome da fé.

O grito da fé

Soa como: "Já que nada deu certo, tente a vida de fé". As igrejas descobriram esta angústia e foram para a mídia, analisando o custo-benefício da exposição de seus pregadores-mor para oferecer a solução religiosa, recheada de promessas e milagres, curas e recompensas. Pregadores se expõem exaustivamente a milhões de olhos para atrair milhares ou milhões de fiéis aos seus templos. Vai lá o pregador que pensa em si e na sua nova igreja, o que luta por sua igreja-mãe, o que vai lá simplesmente porque descobriu a preeminência e o poder do indivíduo, também quando usa a religião para subir.

Fidelidade infiel

Quase não há fidelidade ao ontem. Valem os novos laços. Muda-se de partido, de igreja, de comunidade, de mídia como se muda de roupa. Outra vez o idealismo e a fé cedem ao capital e à mais-valia. Mira-se o custo-benefício e aceitam-se os riscos e as contradições da superexposição. Se traz fiéis e dinheiro, então vale a pena.

São as **igrejas de resultado**, com um Cristo de resultado duvidoso, que faz alguns pregadores dizerem que Deus não perde tempo com quem não tem tempo para ele. Teologia da mais-valia que atribui a Deus o que é típico da pequenez capitalista do ser humano. Isto foi traduzido numa canção dos anos 1960: "De hoje em diante só vou gostar de quem gosta de mim". É o amor calculista e de resultados. Não te amo porque não me dás lucro! A tradução religiosa é: "Creio no Deus que fez e faz coisas por mim". Deus passa a ser o Deus do Impossível porque faz e não o que faz porque "é!" E se Deus não fizer milagres naquela igreja, muda-se de igreja que o faz fazer!... Isso explica a migração quase frenética de fiéis de um templo para outro e de um pregador para outro.

A que vieram

A verdade é que as igrejas eletrônicas ainda não explicaram a que vieram. Já sabemos que sabem arrebanhar, arrecadar e multiplicar templos. Resta ver se sabem ensinar **diálogo**, **cidadania** e **ecumenismo**. **Pregação**, **riquezas** e **poder** não conseguem aderência com **mística**, **alteridade** e **serviço**. Ao *pseudoethos* **religião/mídia** e **resultado**, falta o desprendimento, que cimenta qualquer relação que se pretenda baseada na fé. É o caso típico em que o ter suplanta o ser e, por isso mesmo, **o ser não consegue ser quem poderia ser!**... Há mais a ser dito sobre isto.

59

DEUS TAMBÉM OS INSPIROU

Passei, num dos meus cursos de "Prática de Crítica de Comunicação", um vídeo, que pode ser encontrado no YouTube. Numa aula intitulada "A comunicação do mundo", levei-os a interessar-se por um excelente musical bíblico, *Joseph and His amazing Technicolor Dreamcoat* (*José e seu impressionante manto multicolorido*).

O musical é uma aula de catecismo moderno - nota dez em quase todos os itens. Excelente trabalho pedagógico, feito por dois autores não catequistas, não católicos e totalmente envolvidos na indústria do espetáculo. Enfim, é gente "do mundo" ensinando gente de Deus a evangelizar. Dos mesmos autores são os musicais *Jesus Christ Superstar*, *The Phantom of the Opera*, *Cats* e dezenas de outros shows de primeira categoria: textos, músicas e visual.

O mundo ensina

Isso é exatamente o que eu queria transmitir aos meus alunos. Temos muito que aprender com o que alguns fiéis cristãos chamam de "mundo", "mundão" ou "mundanos" e com a sua comunicação. A posição triunfalista dos que, por serem de igreja, acham que têm mais a oferecer do que os outros, mais nos envergonha do que nos recomenda. Há obras extraordinárias criadas por não crentes ou por pessoas de outras religiões que deixam na sombra as nossas produções.

Ou aprendemos a catequizar com eles, dando o nosso conteúdo, ou quem sabe das coisas continuará rindo de nossos arranjos, de nossas imagens e de nossos programas de rádio e televisão, por sua infantilidade e amadorismo. É claro que há os bons e bem produzidos, mas centenas de programas e canções de nossa Igreja precisam melhorar. Ainda se vai para o estúdio sem nenhum preparo e se sobe no palco sem nenhuma pesquisa ou estudo prévio.

Precisamos parar de brincar com microfones e câmeras e fazer certo o que pretendemos que seja certo. O tal do "mundão" nos dá shows de profissionalismo. Errou de maneira desastrosa a pregadora que, num congresso, triunfalisticamente, afirmou que em matéria de comunicação não temos nada a aprender com o mundo. Ou ela não tem visto as grandes produções do "mundo", ou tem visto demais as pequenas e improvisadas produções de seu canal católico preferido. Não lhe faria mal algum girar o botão, apertar o controle ou comprar alguns DVDs para ver o que é espetáculo. Por que não poderíamos fazer o mesmo?

Igreja que aprende

Dizem o mesmo os Documentos do Vaticano II, de Puebla, de Aparecida e as mensagens dos papas para os dias mundiais de Comunicação, que acontecem há quase cinquenta anos seguidos.

Corre pela internet e por alguns grupos religiosos, a mania de depreciar tudo o que não é religioso. Nada mais injusto e nada mais tolo. É como afirmar que *Luar do Sertão*, *Estrela d'Alva*, canções de Chico Buarque, Caetano Veloso, Gilberto Gil, Zé Ramalho, Renato Teixeira, e centenas de outras obras-primas do cancioneiro popular do Brasil e do mundo não foram inspiradas por Deus, porque não foram escritas por religiosos. É o mesmo que dizer que as canções de letras de um autor que não é do nosso grupo não são ungidas. Se já não é, beira o fanatismo.

Peço, leitor, que entre no YouTube e acesse *Joseph and his amazing technicolor dreamcoat*. Ou "*Um violinista no Telhado*". Veja e opine. São apenas dois dos milhares de exemplos de boa música, bom espetáculo, escritos por pessoas não consagradas, mas que superam de longe o que andamos escrevendo, compondo, dançando e fazendo. Isto há mais de trinta anos.

Um aviso aos cantores, músicos, compositores, autores de teatro e catequistas que lidam com a arte para evangelizar:

> SERÍAMOS MELHORES SE FÔSSEMOS MAIS HUMILDES E ADMITÍSSEMOS QUE O MUNDO TEM O QUE NOS ENSINAR. LÁ, SE PRODUZEM OBRAS-PRIMAS. APRENDAMOS COM OS NÃO RELIGIOSOS, A QUEM DEUS TAMBÉM INSPIRA.

Em tempo: Alguns dos supracitados autores tiveram formação cristã anglicana ou católica, ou são ateus!

Sabem convencer

Não admira que os telespectadores acabem escolhendo o caminho do mundo e não o das igrejas. Os que nos seguem pela televisão também bifurcam seus caminhos na hora de decidir. São cristãos pragmáticos. Do templo ou da mídia cristã, ficam com o que lhes agrada, e é possível seguir. Depois, se tiverem que fazer laqueadura, vasectomia, aborto, ou se a pessoa que amam já tiver sido casada, optam pelos conselhos dos outros. Concordam de imediato com o doutor que picha a igreja, ou com a simpática apresentadora ou colunista que apoia o aborto e o casamento entre gays.

Novos epicureus

Em todos os quadrantes do mundo ouve-se dos novos epicureus e estoicos, em novos areópagos do mundo, a irônica observação feita a Paulo em Atos 17,32: "acerca desse assunto te ouviremos outra vez". Chamaram Paulo de paroleiro e falastrão. Agora, desmoralizam ou tentam calar as igrejas que defendem o embrião, o feto, os pobres, a vida. Como novos epicureus e estoicos, escolheram encarar a vida de maneira enigmática, a própria morte de maneira dramática e a morte dos outros, a começar do feto, de maneira pragmática.

Escolhem a vida ou a morte que mais lhes convém. Querem o direito de decidir quem deve nascer ou morrer e, ainda de quebra, querem o Estado pagando as despesas. A morte do pequeno "outro" que se formava naquele ventre não lhes causa remorso. Declaram, pragmaticamente, que ele ainda não tinha todas as características de ser humano, então não era nem filho, nem humano. Extraem-no como se extrai um tumor incômodo e maligno. Se algo os atrapalha, tiram-no do caminho...

A este tipo de sociedade, os documentos da Igreja chamam de civilização de morte. Sou pregador cristão e continuarei pregando, se preciso for, para as paredes. Algum dos meus gritos talvez ribombe e reboe em alguma consciência. Calar, porém, não é possível!

60

MÍDIA QUE DESEDUCA

Nem toda mídia é uma escola. Poderia ser, mas não é. Às vezes atua contra a escola. Os comerciais de rádio e de televisão são criados para influenciar. Informam e motivam. Em geral, de maneira positiva, como é o caso do aviso para aquele que bebe: "Não dirija". Ou do "Vale dizer que o produto pode causar danos quando ingerido acima do limite". Todos eles poderiam e deveriam educar, porque há crianças ou pessoas de pouco discernimento do outro lado, a ver e a ouvir. Há que se pensar nelas. Um simples comercial pode fazer a diferença quando quem o faz se atenta para os detalhes. Num comercial até bonito, que mostrava a sensibilidade do anunciante, uma criança sai rodando um pneu de uma garagem e percorre as ruas, absorto no pneu. Em nenhum momento a criança olha para a rua ou para os lados. Faltou a preocupação com as crianças do lado de lá. Um pai chamou-me a atenção para o fato. Seu menino fez o mesmo e, ao chamar-lhe a atenção por não ter pedido licença de brincar na rua e por não ter olhado para o lado, o pequeno de 6 anos lembrou-lhe que o menino da televisão também não olhou...

***

Imaginemos o quadro. Se quem idealizou o comercial tivesse incluído estas cenas, teria lembrado às crianças que, se brincarem na rua, deverão olhar ao redor e tomar os devidos cuidados. Não tendo levado em conta esta possibilidade, haverá certamente outros meninos a repetirem a cena, para o susto de outros pais e mães.

Nós que escrevemos, fazemos reportagem ou publicidade não somos perfeitos, nem jamais o seremos. Em alguma linha, palavra ou imagem correremos o risco de dar sugestões erradas a um dos milhões de olhos que nos verão. Se pensarmos apenas no objetivo ao qual nos propusemos e não entendermos que haverá outros olhos e ouvidos no caminho, podemos ser causadores de dor e de consternação. Crianças imitam. Todo mundo sabe disso!

Anunciar tem os seus riscos. Anúncio de cigarro, bebida, comida, esportes, religião precisa ser bem pensado. Alguns publicitários tomam o cuidado de pedir às famílias que não imitem seu comercial, ou que digam às crianças para não agirem daquela forma. Outros, nem tanto!

***

Um simples pneu rodado por um pequeno ator que não olhou para os lados, a seu modo, pôs em risco alguns meninos em muitas cidades deste país. Se o publicitário tivesse mostrado que o menino do comercial olhou, parou e respeitou os veículos, teria feito um favor aos pais. Agora, pais e mães precisarão dizer aos seus pequenos: "Não imitem aquele menino do pneu. Ele não olhou para os lados!".

61

PREGAR PARA MULTIDÕES

> Todo este confuso amontoado do social se move em torno desse referente esponjoso, dessa realidade ao mesmo tempo opaca e translúcida, desse nada: as massas.
> É nesse sentido que a massa é característica da nossa modernidade, na qualidade de fenômeno altamente implosivo, irredutível a qualquer prática e teoria tradicionais, talvez mesmo irredutível a qualquer prática e teoria simplesmente...
>
> Jean Baudrillard

Nem todo pregador é chamado a pregar para as massas. Mas existe quem prega com frequência não apenas para uma, mas para multidões, como podemos constatar na internet, hoje, nos diversos canais dos chamados ***influencers* católicos.** Sem sociologia e psicologia, estes correrão o risco de comunicar de maneira errada e perigosamente narcisista, como só acontece com pessoas famosas diante de holofotes. Acabam sem ver as pessoas a quem oferecem sua comunicação e de quem cobram suas canções e sua interpretação. Alguns religiosos também, às vezes, cobram – e cobram caro!

Carnês, contribuições, dízimo, cachês, vendagem de livros e discos para as massas acabam valendo mais do que muitos salários. Começam aí as interrogações.

Há o que diz que não cobra, mas pede um pró-labore mais caro do que se cobrasse. Só disfarça seu preço com a afirmação de que cantou de graça. De fato, não cantou. O que levará daquele lugar em termo de adesão e carnês sairá bem mais caro do que se cobrasse só por aquela vez! Será sempre dinheiro a sair daquela comunidade!

Você compreenderá melhor a palavra "massa" ao associá-la ao termo "massificar" e terá uma compreensão mais clara da palavra "social" ao ligá-la ao verbo "socializar". Uma leitura de autores como Jean Baudrillard (À Sombra das Maiorias Silenciosas) e alguma explicação de seu professor de sociologia ajudarão a entender com maior profundidade o que significa falar ao indivíduo, a vários indivíduos, a grupos, a vários grupos reunidos, à multidão e à massa. O discurso nunca poderá ser o mesmo, ainda que leve o mesmo conteúdo. É que o indivíduo reage diferente quando em grupo, quando em multidão e quando na massa. O pequeno grupo terá reação diferente quando misturado à massa. Multidão não é massa, e massa é mais do que multidão.

Você talvez não tenha percebido as distinções, mas elas existem. E o comunicador da fé que não levar isso em conta, correrá o risco de naufragar no mar desta massa humana.

É possível controlar um filete de água ou um riacho, mas uma aluvião ou enchente, não. Massa humana mal orientada é como estouro de boiada. Massa de pinguins ou de flamingos pode até ser coisa bonita de se ver, mas não tente reproduzir o mesmo entre humanos. A massa humana reage diferente a depender das lideranças e dos apelos do momento. Se alguém acha que as controla, então arrisque.

Dará certo uma ou dez vezes, mas chegará o dia em que, não entendendo de psicologia das massas e mudado o apelo, em questão de semanas o mesmo pregador já não terá mais ouvidos a ouvi-lo. Jesus, com todo seu poder de persuasão e presença, foi ovacionado ao entrar em Jerusalém e massacrado dias depois, porque a multidão massificada mudara de comportamento. Podem não ter sido as mesmas pessoas, mas nunca se sabe quem aderiu àquela massa naquela hora. O ovacionado terminou crucificado aos gritos de grupos atiçados contra ele. Eram grupos, era multidão ou era massa?

***

Retornemos aos conceitos de **pessoa, indivíduo, grupo, comunidade, multidão, massa**, e aos conceitos de **maioria** e **minoria**, de **comunicação social** e **comunicação de massa** ou **para a massa**. Quem não fizer tais distinções, dando a cada uma delas o devido peso, entrará em algum gargalo do qual será difícil sair. É como navegar em mar alto sem barco preparado para aquele tipo de mar.

Citemos outra vez o lúcido Baudrillard:

> O termo "massa" não é um conceito.
> Querer especificar o termo massa é justamente um contrassenso- é procurar um sentido no que não o tem. Diz-se "a massa de trabalhadores", mas a massa nunca é de trabalhadores, nem de qualquer outro sujeito ou objeto social. As "massas camponesas" de outrora não eram exatamente massas: só se comportam como massa aqueles que estão liberados de suas obrigações simbólicas, "anulados", presos nas infinitas redes, e destinados a serem apenas o inumerável terminal dos mesmos modelos, que não chegam a integrá-los e que finalmente só os apresentam como resíduos estatísticos.
> A massa é sem atributo, sem predicado, sem qualidade, sem referência. Aí está sua definição ou, sua indefinição radical. Ela ao tem realidade sociológica...
> Massa sem palavra existe para os porta-vozes sem história. Admirável conjunção dos que nada têm a dizer e das massas que não falam...

Diferente é o grupo, o povo, a multidão com um propósito. Pessoa situada tem um porquê, o indivíduo sabe seu lugar e o seu onde, o grupo consciente sabe por que caminha junto e entende a missão de cada qual, a comunidade gira em torno de um ideal e de muitas disciplinas, a multidão pode até se reunir com um propósito e uma disciplina, mas a massa é como o trigo beneficiado e misturado ao ovo e à água, mas o padeiro amolda como quer e decide o quanto ela deve crescer. A massa não decide! Decidem por ela. Ela se amolda. Pode ser virtude, mas geralmente não é.

Maioria ou minoria pode ser virtude e pode ser apenas massa de manobra. A comunicação social precisa chegar ao indivíduo na massa, estabelecer liames entre os grupos e as comunidades e levar a mensagem ao indivíduo, ao seu grupo, a ele no grupo, ao grupo na multidão. A comunicação de massa ou para a massa pode até chegar a resultados, mas será cada dia mais massificante e massificadora, se quem se comunica não vê indivíduos naquele amálgama humano.

***

É a grande tentação a rondar a mente daquele que fala para milhões de cabeças, olhos e ouvidos. Falar para todos e, na realidade, não falar para ninguém.

> As massas, hoje maioria silenciosa, não são mais um referencial porque não tem mais natureza representativa. Elas não se expressam: são sondadas. Não refletem, são testadas. o referendo substituiu o referente político.
> Ninguém mais pode dizer que representa a maioria silenciosa e esta é a sua vingança! As massas não são mais uma instância à qual se possa referir como outra se referia à classe ou ao povo. Não são mais sujeito (sobretudo não da história).
> Durante muito tempo a estratégia do poder pôde parecer se basear na apatia das massas. Quanto mais elas eram passivas, mais ele estava seguro. Mas essa lógica só é característica da fase burocrática e centralista do poder. E é ela que hoje se volta contra ele: a inércia que fomentou e tornou o signo de sua própria morte. É por isso que o poder procura hoje inverter as estratégias: a passividade à participação, do silêncio à palavra. Mas é muito tarde. O limite da “massa

> crítica", o da involução do social por inércia foi transposto! Em toda parte se procura fazer as massas falarem, se as pressiona a existir de forma social eleitoralmente, sindicalmente, sexualmente, na participação, nas festas, na livre expressão etc. É preciso conjurar o espectro, é preciso que ele diga seu nome. Nada demonstra com mais clareza que hoje o único problema verdadeiro é o silêncio da massa, o silêncio da maioria silenciosa.

Até aqui, Baudrillard. E é uma pena que seja pouco lido no Brasil!

Entendamos o social como uma soma de comportamentos conscientes, ou mais ou menos conscientes de um para muitos, de muitos para um e de muitos para muitos. Os indivíduos são agentes e protagonistas e mostram quem são e o que desejam ser.

Entendamos a comunicação de massa, hoje onipresente, como um processo por vezes manipulador, semelhante ao padeiro que decide o formato do pão, sem permitir que a massa escolha o que deseja ser. No entanto, há momentos em que a massa não se transforma conforme a vontade do padeiro.

Em geral, porém, os senhores da comunicação ou do poder ou da fé nada perguntam às massas porque não as julgam capazes de oferecer resposta coletiva. Sondam-na, consultam alguns membros da massa e realizam simulações que, por vezes, se confirmam e, em outras ocasiões, não. Induzem as massas, deduzem depois de havê-las induzido e anunciam que a massa provavelmente irá nesta ou naquela direção que quase sempre é a direção de quem conduz o processo! Por isso se fala em massificar.

***

Às vezes um livro não é o melhor, seu conteúdo é fraquíssimo, mas torna-se *best-seller*, porque quem detém o processo de marketing criou previamente a resposta, que muito provavelmente as massas darão. Não se espera a busca de conteúdo, mas sim a busca pela pessoa que o vende; não se espera a procura por água mineral de qualidade, mas a procura pelo rótulo mil vezes mostrado.

O advento da comunicação de massa, portanto, para as massas humanas, se por um lado propiciou o acesso de milhões ou bilhões de pessoas a uma mensagem, por outro, dotou-as de instrumentos pelos quais os indivíduos podem reagir e sair do imenso anonimato. Esses indivíduos, aos milhões, podem fazer a diferença.

A massa, às vezes, não se mostra amorfa. Não fica quieta e não vai para onde uns poucos áulicos querem levá-la. O grande problema dos manipuladores das massas são os indivíduos no meio deles que conseguem fazer a diferença.

É exatamente esta a mensagem dos evangelhos: alguém que se sente e sabe ser alguém no meio da massa, que não se sente nem reage como alguém, pois frequentemente funciona como um amontoado de números. É também esta a missão do pregador da Palavra de Deus que se leva a sério. É o fermento que reage contra quem mexe na massa, porque tem crescimento próprio dentro da massa.

Se o sal deixa de servir como sal, não influi na comida; se o açúcar perde sua força, não adoça; e se o fermento perde sua elasticidade e capacidade de crescer; não influi na massa. Este é o naufrágio de quem foi ordenado para ser fermento a cada palavra dita e gesto vivido, mas sobe ao púlpito e vai ao povo sem convencê-lo a deixar de ser massa amorfa. Não faz a diferença nem a propõe. Acomoda-se e sugere acomodação. Jesus foi morto porque atuou como fermento e desmassificou:

> Se o deixamos agir como age, todos crerão nele, e virão os romanos, e tirar-nos-ão o nosso lugar e a nação. (Jo 11,48)

> Nem considerais que nos convém que um homem morra pelo povo, mas que não pereça toda a nação. (Jo 11, 50)

Jesus estava criando um povo novo que não aceitaria mais ser massa de manobra. Elogiou o filho que disse que não iria, mas acabou indo e condenou o que disse que iria, mas não cumpriu a palavra.

> Qual dos dois fez a vontade do pai? Disseram-lhe eles: O primeiro. Disse-lhes Jesus: Em verdade vos digo que os publicanos e as meretrizes entram adiante de vós no reino de Deus. (Mt 21,31)

> Jerusalém, Jerusalém, que matas os profetas, e apedrejas os que te são enviados! quantas vezes quis eu ajuntar os teus filhos, como a galinha ajunta os seus pintos debaixo das asas, e tu não quiseste! (Mt 23,37)

Jesus queria atitudes. Viera ao mundo para isso. Ninguém deveria ser amorfo.

> Produzi, pois, frutos dignos de arrependimento;
> E não presumais, de vós mesmos, dizendo: Temos por pai a Abraão; porque eu vos digo que, mesmo destas pedras, Deus pode suscitar filhos a Abraão. (Mt 3,8-9)

O mundo é hoje um imenso painel de maioria silenciosa. No meio dela, dois tipos de minorias: as agitadas e agitadoras e as serenas e resistentes. Entre as minorias agitadas e agitadoras, há os grupos econômicos, políticos e religiosos imediatistas e altamente manipuladores das massas, com respostas para tudo aqui-agora-já, respostas da ideologia e do céu: "Não perca a chance, venha e compra agora! Marx, Engels e Adorno disseram... Jesus disse, Deus disse, Jesus está dizendo, Jesus está pedindo, o Espírito Santo está dizendo nesta hora!".

E há os fortes e serenos que, filósofos, religiosos e políticos sem grandes agitações e sem promessas de sucesso e realização imediata, semeiam suas ideias e levam seus seguidores a pensar e a orar sobre alguma realidade.

***

Seria ingênuo pura e simplesmente acusar os *mass media*, ou meios de comunicação de massa e para as massas humanas, de manipularem a tudo e a todos. Isso também ocorre, mas é possível que a própria mídia, que normalmente manipula, seja também manipulada. Quem pensa ter na mão a multidão amorfa, com o tempo acaba na mão da multidão amorfa, e não poucas vezes seu rumo acaba determinado por essa multidão sem rumo, mas em expansão. Seria o caso do sequestrador que perde o controle sobre o sequestrado.

Você que se fez pregador do Reino de Deus, ou pretende tornar-se um deles, pode escolher o caminho imediatista, o de respostas prontas, o das luzes da ribalta, ou da repercussão estrondosa e urgente, o dos recados urgentes do céu, o das promessas mirabolantes de milagres e curas infalíveis, ou pode escolher o caminho do pensar, do meditar, do agir e do inserir-se na multidão e fazê-la sair do anonimato. Entre o processo de torna-se pessoa, tornar-se povo, tornar-se multidão do Reino e o de ir com a tropa, deixar-se massificar, fazer o que faz o mundo inteiro, está o púlpito inteligente e ponderado que desmassifica.

***

Vai depender de você o rumo do seu púlpito. Entre descer de helicóptero no centro do estádio para celebrar a Eucaristia sob os aplausos da multidão e entrar sereno e sem alarde no meio dos demais celebrantes para como assembleia celebrarem todos a vida e a morte de Jesus, estará seu conceito de pastoral das massas e de pastoral social e catequética. Se você não perceber a diferença, talvez não esteja ainda apto a pregar para a imensa maioria. Não é a mesma coisa montar um show de rock para três milhões de admiradores e celebrar a fé com três milhões de fiéis. Seus gritos de comando, seu andar para cá e para lá e seu estrelismo podem até sacudir aquela massa, mas você terá se tornado o centro daquele evento ao invés de apenas presidi-lo! Aí está a diferença!

62

OUTRA VEZ OS ICONOCLASTAS

Nos anos 1960, o rude primeiro-ministro da Rússia Nikita Krutschev, que, em visita, aos Estados Unidos, tirou o sapato e o bateu na mesa de conversação, os jovens que se despiram à frente de um templo evangélico, a moça que se desnudou diante do Congresso em Brasília, o pastor que chutou a imagem de Maria na televisão, o rapaz que tentou quebrá-la em Aparecida e quebrou, o jornalista que jogou o sapato contra o presidente norte-americano, o muçulmano que cuspiu na estátua de Moisés, o judeu que pisou no Corão, o ateu que rasgou uma Bíblia... Todos eles tinham algo em comum: **eram iconoclastas**. Pisaram na imagem dos outros, enquanto defendiam as suas, de unhas e dentes.

O iconoclasta não é contra imagens: só ataca as dos outros! As do lado dele, ele justifica.

63

O RITMO DA VIDA

Nos dias de hoje, há pessoas que sempre estão indo para algum lugar. Trocam de empresa, de vida e de gente com enorme facilidade. **Não fazem amigos, fazem colegas**. Não namoram, ficam. Não dispõem de tempo para o casamento. Casam-se mais vezes. Trocam de família, mas não de carreira! Sua vida é a arte, a firma, a fama conquistada, o superemprego na supercorporação. Às vezes têm razão porque o cônjuge que escolheram é de difícil convivência. E raciocinam que "família" não necessariamente inclui o marido ou a esposa. Trocam de cônjuge, se for preciso, mas não abrem mão de sua própria felicidade e a dos filhos. Enfrentam qualquer sacrifício pela carreira, e quase nenhum pelo cônjuge. Isso explica tantos divórcios, ou separações.

É uma geração sem tempo para esperar e, às vezes, sem tempo para o diálogo. Ora ele, ora ela. Pedir a uma criança de hoje, que vê o doce na prateleira, que espere duas horas até comê-lo, é o mesmo que pedir à sua mãe que espere duas horas por uma xícara de café. A mãe tem 24 anos, e ela 4. Duas horas é tempo longo demais para uma criança que viveu apenas 4 anos. Seu conceito de tempo não é o mesmo que o nosso.

É como pedir a um adolescente de 16 anos que espere mais seis ou sete anos para poder experimentar o sexo feliz. Se achar alguém que se ajuste a ele, avançará o limite. É o mesmo que pedir ao pai de 40 anos que espere doze anos por algo importante. O conceito de tempo numa cabeça de adolescente não é o nosso.

Isso explica o ritmo vertiginoso na vida das jovens modelos e dos jovens executivos ou em ascensão, não importando em que tipo de mundo. Querem algo para o qual não estão maduros, e querem agora. Assumem cedo demais missões para as quais não foram preparados. Essa é a geração acelerada que vê tudo instantaneamente, minutos após o acontecimento, e tem acesso à última invenção e à última moda em menos de quatro semanas, enquanto antigamente levava anos para ter o que a Europa já possuía.

As cartas levavam três meses para chegar a outro continente. Agora, um e-mail chega em um minuto e um telefonema chega com menos de dois segundos de atraso.

64

O CACAREJO DA FÉ

Em termos de catequese, nem o pregador que se excede no discurso, aparecendo demasiadamente na mídia e chamando excessivamente a atenção para si ou para sua obra, nem aquele que despeja sua mensagem e parte são recomendáveis. Melhor é o pregador sensato e experiente que faz uso correto da mídia. Nem demais e nem de menos. Quem quer fazer omelete, não pode usar fogo de menos nem demais. Quem prega uma homilia, modere o fogo e a luz. E há aquele que diga: "Minha foto não sairá desse jeito. Não irei àquele programa. Não assino este contrato. Com esta ressalva, eu concordo em ir. Não aceito promotor ou diretor de imagem que decida acima de mim. Sobre os impactos dessa mídia em meu ministério, eu decido. Observadas as normas da Igreja, que me ordenou aceito as de vocês".

O pregador que pregou para a televisão montado num jumentinho, no Domingo de Ramos, inovou. Se era isso que ele queria, a mídia foi lá. Mas será que renovou alguma coisa? Teria necessidade de montar vestido de paramentos? Não poderia ter posto um outro paroquiano caracterizado de Jesus e apontado para ele? Não é nossa missão apontar para Jesus? Temos que personificá-lo para a plateia? As câmeras precisam estar sobre nós o tempo todo? Somos atores ou presidentes numa ação litúrgica? Então, por que as câmeras estão sobre nós, montados em boi, em vaca, cavalo e jumento ou num trator, quando outro pode fazer isso e nós podemos divulgar, comentar, analisar e doutrinar sem sermos os protagonistas? Carentes de mídia, não estaríamos trocando o altar pelo palco?

Presidente da assembleia ou ator em destaque?

Há uma coisa em comunicação que se chama repercutir. A lua não se apossa da luz que recebe; passa adiante. Quando, para repercutir, chamamos sobre nós a atenção geral, perdemos o foco. Mas o foco não deveria ser o pregador, mas sim a mensagem! O destaque deveria ser para ela, não para ele! Receio que um grande número de pregadores das mais diversas igrejas tenha esquecido este detalhe: "Não a nós, não a nós, Senhor, mas ao vosso nome dai glória" (Sl 115,1). Deslumbrados demais, alguns escolheram os holofotes sobre si, ao invés da liturgia que salienta a comunidade.

Se algum deles admite que está roubando a cena? Não. Nunca vi um que aceitasse mudar. Quem quer os holofotes 90% do tempo sobre ele, continuará querendo, qualquer que seja a argumentação contrária. Aparecer pode se tornar uma obsessão. Da mesma forma que hoje há um tipo de desvio de conduta daqueles que não desgrudam da internet – desvio que precisa de tratamento com psicólogos –, há também o desvio de conduta de quem dá um jeito de aparecer onde quer que haja um holofote e uma câmera. Síndrome da autoexposição com holofotite aguda.

Preste atenção na forma como um pregador divulga suas obras e conclua se tem marketing de galinha ou de avestruz. Pareço cruel? E você acha que é bom para a Igreja a superexposição de qualquer de seus pregadores? Pregador demais no vídeo, catequese apequenada.

65

A GERAÇÃO WWW

Reflitamos e admitamos! A mídia moderna catapultou o mundo para uma era cujo alcance e cujos contornos ainda não conseguimos definir. Estamos num *rally* sem saber exatamente para onde vamos. O GPS não nos dá todos os dados. O ritmo da mídia é assustadoramente voraz e vertiginoso.

O cidadão que comprou um computador há cinco anos e não o atualizou está fora da corrida. Lembra o personagem do filme *Tempos Modernos*, de Charles Chaplin, que perde o controle de si mesmo ao não controlar o ritmo das peças que deve ajustar. Acaba engolido pela máquina.

Televisão, rádio, cinema, pendrives, streamings, outdoors, iPhone, iPad, AirPods, revistas, jornais, sites, e-mails, canais no YouTube, redes sociais, blogs, computadores e mais de trinta recursos da internet podem ser úteis ou nos escravizar. Celulares, meios de comunicação e tais recursos evidentemente são mais para se usar e ter do que para se rejeitar. Trouxeram enormes benefícios à humanidade e nos jogaram num novo patamar de civilização.

***

Comunicar sempre foi a vocação primária do ser humano, desde que o primeiro homem descobriu a necessidade de conviver com a primeira mulher, e vice-versa, assim como com outros humanos que vieram a fazer parte de sua vida. Ou se atraíam, alimentavam e conviviam com os animais, ou perderiam o valioso apoio e a fonte acessível de alimentos, o leite e o ovo, por exemplo. Domesticar animais foi um ato de comunicação humana. Sem esta comunicação, talvez não tivesse havido sobrevivência em muitas regiões do planeta.

Ao ampliar e potencializar os meios de mover-se e comunicar-se, a humanidade avançou alguns séculos em duas ou três décadas. Mais precisamente nos últimos trinta anos, milhares de novas linguagens, instrumentos, veículos e sinais tornaram-se patrimônio de todos os povos e deram ao indivíduo algo que ninguém no passado sequer sonhou.

Os tamanhos foram de tal forma reduzidos que, hoje, a nanotecnologia a serviço da comunicação garante ser possível escrever uma palavra de treze letras num fio mil vezes mais fino que um cabelo. Isso aqui no Brasil. Físicos de outros países prometem, um dia, imprimir os 24 volumes da Enciclopédia Britânica na cabeça de um alfinete.[1] São os meios modernos. Mas meio é uma coisa, conteúdo é outra!

Toda uma geração nasceu nesse período. Faz sentido perguntar para onde a leva um teclado e um WWW. É como entrar num gigantesco labirinto. Sem guias, milhares de mentes curiosas se perderão! E sei que não estou exagerando!

---

[1] Ver: ANGELO, Claudio. Físico propôs nanografia em 1959 nos EUA. Folha de S.Paulo, 27 abr. 2009. Disponível em: https://www1.folha.uol.com.br/fsp/ciencia/fe2704200902.htm. Acesso em: 14 nov. 2023.

66

A LÂMPADA E A LUZ: ENSAIO SOBRE A MÍSTICA DO COMUNICADOR

Com qual delas você se identifica? Com a lâmpada ou com a luz? Ainda confunde a luz com a lâmpada? Qual das duas é a mais importante? Pense bem antes de ajoelhar-se diante do sacrário ou de passear com o ostensório diante dos fiéis. Por não deixar clara a diferença entre símbolo e mistério, um grande número de pregadores desvia os fiéis para um devocionismo sem catequese: desfundamenta a fé, ergue edifícios frágeis e sem alicerce e enche os templos de fiéis que procuram mais a lâmpada do que a luz. Forma gente que, ao invés de olhar ao redor, para as coisas que a luz banhou, olha para a lâmpada de onde sai a luz. Fica cega de tanto se fixar na direção errada. Lâmpadas não devem ser vistas nem tocadas. A luz que emitem não é para ser encarada de frente, mas sim para iluminar aquilo que, de fato, devemos enfrentar. Não nos detemos no símbolo, buscando o mistério para o qual ele aponta.

O cantor ou pregador que permite que lhe joguem um holofote no rosto, certamente brilhará e será altamente fotografável, mas ficará cego e não verá o povo para quem ele canta e fala. Será erro de comunicação dele e do iluminador. Mas, se a verdadeira intenção daquelas luzes for, de fato, realçar o brilho do pregador, do cantor ou do espetáculo, então, chamemos o evento pelo que é: **um espetáculo**. Se for a mensagem, há que haver luzes mostrando quem a emite e quem a recebe. Chame-se a este ato de rito ou de **catequese**. Quem ecoa a si mesmo não é catequista, é exibicionista. Falo como quem corre, permanentemente, este risco e como quem leciona "Comunicação religiosa" há mais de 27 anos.

O risco de acentuar a lâmpada

Em termos de comunicação cristã, o risco de enfatizar a lâmpada e direcionar tudo para seu bocal, em vez de focar no que a luz por ela emanada ilumina, remete-nos à resposta que devemos à graça do céu. O poder ou a busca do sentido de Deus entre nós não nos é dado para que as pessoas nos olhem, nem para que as câmeras se fixem em nós 95% do tempo da catequese, mas sim para que se mostre o povo que recebe a pregação; com o povo, outras imagens. O tempo que passamos diante das câmeras pode ser mais prejudicial do que instrutivo se não soubermos compartilhar nossa presença ali com a presença dos outros. A ênfase no comunicador prejudica a comunicação. Nossa aparição, seja breve ou cercada por outros que também aparecem, deve criar cenários que nos auxiliem a reduzir o excesso de luz sobre nós.

Nosso para não ser nosso

A graça não é posta nas mãos do pregador para que ele apareça, mas sim para que ele a entregue ao povo. Jesus sugeriu aos seus pregadores que pregassem à luz, com clareza e de cima dos telhados, **não para que mais gente visse o pregador atuando, mas sim para que mais gente ouvisse o que ele diz** (Mt 10,27). O advento da fotografia retocada, da mídia, das câmeras, do Instagram e da amplificação da voz e da imagem derrubou muitos pregadores das mais diversas igrejas, que, deslumbrados com o poder das luzes e da mídia, capitalizaram mais na sua imagem do que na sua mensagem. Sei disso porque não faltaram sugestões e tentações de diretores de marketing e de palco a me pedir que aceitasse aqueles holofotes e aquela superexposição. Na década de 1960, fui discípulo do Dr. Bacchero, que ministrava um curso de verão em Washington, nos Estados Unidos, na linha de McLuhan, sobre a matéria "Comunicação de Massa". Naqueles dias, brilhavam Elvis Presley e os Beatles, Rock Hudson, John Wayne, Frank Sinatra, Dean Martin, Jerry Lewis, ainda Marilyn Monroe, e despontavam dez a quinze grupos de rock. Os holofotes estavam sobre eles. Ele e outros mestres alertavam para o risco da autoexposição, que escapa ao controle do indivíduo e ele vira produto de mercado. O marketing não era, ainda, a ciência que se tornou.

A fulanização em alta

Por fulanização, entenda-se o excesso de ênfase no fulano, o culto ao pregador em detrimento da mensagem da Igreja. Quando o pregador reúne 30 mil pessoas para uma tarde de louvor ou canção, presidindo o evento e capitalizando em contribuições para suas obras, enquanto o mesmo grupo que o promoveu não faz o menor esforço para encher o estádio no dia de Corpus Christi a convite do bispo, algo parece estar errado na dinâmica desse grupo de igreja. Fulanizou-se a mensagem em cima do seu pregador preferido. Por ele, tudo; pela diocese, nada!

Um recente congresso de leigos reuniu mil e duzentos leigos. Três semanas antes, um movimento reunira dez mil. Mas os dez mil não compareceram ao congresso de leigos convocado pelo bispo. Não consideraram relevante o convite da diocese. Outros dirigentes falariam em outros termos. Aquele catolicismo diocesano não era para eles... Estavam fulanizados.

Individualismo e fulanização

Qual tem sido o argumento dos pregadores das diversas igrejas que aderiram ao marketing da fé e, ao enfatizar sua individualidade, caíram no individualismo e no protagonismo, sobrepondo-se ao protagonismo do povo de Deus? Precisam aparecer para vender... Precisam se manifestar para anunciar. Afirmam que são dados em espetáculo ao mundo (1Cor 4,9), mas apenas isso, porque esquecem e raramente se arriscam a entrar em temas que explicam a primeira parte da sentença de Paulo. Estão mais para 2Timóteo 4,1-5 do que com o exemplo de Paulo, que precisou ser descido em um cesto para escapar dos seus perseguidores. Raramente entram em temas sociais. Dizem que cuidar de doentes e endemoniados (sic), além de ensinar a orar para alcançar sucesso na vida, já constitui um trabalho social.

***

Seu outro argumento é o de que, ao aparecerem e mostrarem seu rosto, tornando-se referência, conquistam os olhos e os corações de milhões de pessoas para si, e então podem anunciar o Jesus que levam em si. A notoriedade lhes dará mais autoridade! Divulgar-se para divulgar! Há verdade nisso, mas o argumento é escorregadio. Eles sabem e muita gente sabe dos perigos do excesso de luzes sobre a prima-dona ou sobre o ator número 1. Ou são realmente bons ou perdem a aura! Com o tempo, seu protagonismo será de tal monta que não poderão mais descer do palco ou do púlpito para o meio do povo. Elvis, Marilyns, Madonnas, Britneys, Lady Gagas e outros ídolos de ontem e de hoje, de tanto marketing, terminam cercados de guarda-costas... Passam a pregar de cima e a viver em bolhas e redomas.

Estabelecer-se um limite

Digo isso porque houve um tempo em que passei pela tentação de ir mais longe do que tinha ido, pelo argumento de que chegaria aonde os outros não chegam. "Alguém tem que ir lá, aonde ninguém foi", "Essa pessoa pode ser você!", "Não jogue fora esta chance de evangelizar milhões" – diziam. Muitas vezes, nos anos 1970 e 1980, ao ouvir isso, pensei na tentação da montanha e no "tudo isso te darei" (Mt 4,1-11). Marketing não deixa de ser marketing, mesmo que seja o da fé. Optei por não ser levado tão longe, pois, na mídia, às vezes, somos mais conduzidos pelo verbo do que conduzimos. O marketing mais nos leva e nos empurra do que nos deixa ir. Ele tem seus próprios mecanismos. Quem está na mídia há mais de 40 anos sabe que este riacho vira rio caudaloso, e não poucas vezes transborda. Ou o aceitamos com suas regras ou, como cavalo xucro, ele nos derruba. Tem que ser muito peão para ficar anos montado no marketing.

Lâmpada ou luz?

Não me considero nem acima nem melhor do que os outros que aceitam ser lâmpadas. Eu fui e ainda sou, mas trago comigo a mística do brilhar junto e acentuar as outras lâmpadas que me ajudam a emitir a luz. Quero luz sobre os meus cantores e os quero ao meu lado e não atrás de mim, até porque, sem eles, a mensagem que levo perderia sua força de comunicação. Eles, com o brilho de cantores da fé; eu, com minhas luzes de pregador; mas nunca os holofotes por muito tempo sobre minha pessoa. Quem já viu meus shows nos últimos quase cinquenta anos deve ter percebido que não fico à frente de quem prega comigo. Ficamos na mesma linha. E não aceito holofotes sobre mim. A luz deve girar entre os cantores e o povo, e um pouco sobre mim, o mais discretamente possível.

Questão de mística

Aos meus alunos digo o que acabo de escrever: "Segure o cálice, a patena, o ostensório, o violão, a Bíblia e os sinais e instrumentos como quem segura uma lâmpada. Apagada, fechada, mal citada, mal ligada, mal alimentada ou piscando, ela mais prejudica do que ajuda. Valorize a luz que nasce daqueles sinais. Trate de ser um deles, mas não lute para ser o sinal número um".

Lembro-me de um episódio que para mim foi salutar. Após 30 anos de comunicador, uma vez, alguém tirou do horário nobre o meu programa que tinha muita audiência. Razões da emissora e dos diretores... Se Deus deu a eles a direção daquele veículo, deu a eles mais do que a mim. São carismas. Não precisavam mais do meu. Não abri a boca. Fui embora. Pregaria onde, para quem e na hora em que me fosse permitido. Perdi ouvintes e espectadores. Mas outros diretores me acharam e os ouvintes tornaram a me achar. Expliquei-me a alunos que me questionaram sobre por que não lutei pelo meu espaço já conquistado. **Era mística.**

Disse-lhes que não era conquista. Deus me havia dado aquela chance. Veio alguém que não via as coisas do mesmo jeito e entendi que perdera um espaço concedido. O convite acabara! Nunca assino contrato de trabalho com as mídias onde atuo. São livres para deixar alguém no meu lugar e eu sou livre para ir embora. A palavra não deve acorrentar nem os diretores nem os pregadores. Se o diretor quer outra pregação e outro pregador mais da sua linha, ele está no seu direito. Preciso respeitar o catecismo que ele estudou, os pregadores que ele ouviu e os livros que ele leu. Se não temos a mesma visão pastoral e ele tem as chaves da emissora, quem fica é ele e quem sai sou eu. A Palavra de Deus veio a mim, mas não é minha. Disse Paulo: "Porventura saiu dentre vós a palavra de Deus? Ou veio ela somente para vós?" (1Cor 14,36). E disse mais: disse que a Palavra de Deus não está presa ao dono da emissora, ao diretor de marketing, ao pregador nem ao cantor. Disse-o em outras palavras, mas foi claro (1Cor 9,19).

Mercadejar a fé

Alguns tradutores subverteram os textos de 2Coríntios 2,17 e 2Coríntios 4,2 como mercadejar ou subverter a Palavra de Deus. O perigo de brigar para brilhar está na triste realidade que já conhecemos: a do pregador que luta por seu espaço e o consegue, para logo depois descobrir que achou o seu espaço, mas não o espaço da Palavra. Antônio Vieira, no seu famoso *Sermão da Sexagésima*, lembra que "pregar palavras de Deus não é o mesmo que pregar A Palavra de Deus". Pregadores eminentes e evidentes não são necessariamente pregadores da eminência da Palavra. Não poucas vezes posam de videntes para se tornarem evidentes. Jeremias arrasa com tais profetas (Jr 14,14).

Brigar ou não brigar por espaço?

Raciocinei, ainda, baseando-me em passagens bíblicas como Mateus 20,16 e 23,6, e Lucas 14,10, com amigos que me aconselhavam a lutar por meu "espaço". Nestes textos, há toda uma mística sobre lugares. Entendo que o comunicador da fé não tem lugar garantido em nenhuma editora, emissora ou diocese. O lugar sempre lhe será concedido. Se mudar o bispo e este seguir outra linha pastoral, prevaleça a nova linha, uma vez que o bispo eleito foi ele e não o pregador. Nenhum pregador deve ser "entrudo", nem "entrão";

muito menos deve ser impulsionado por estratégias agressivas de marketing. **Deve, sim, sentir-se convidado.** Toda vez que o pregador se faz convidar para mostrar sua obra e seu discurso, corre-se o risco de sentar-se em lugar que não é o seu (Mt 22,11; Lc 14,8). Se uma comunidade não precisa mais dele e não o quer, considerando que existem milhares de comunidades e a Igreja é uma "comunidade de comunidades", sempre haverá alguém disposto a ouvi-lo.

Nem a missa, nem o púlpito, nem o palco, nem a canção, nem a mensagem nos pertencem. João Paulo II e Bento XVI tocaram no assunto ao falar da Eucaristia. Está na internet. Quem não leu, leia; quem leu, se possível, releia! Nenhuma missa deve estar ligada ao nome do celebrante. Missa de cura é toda e qualquer missa e não apenas aquela das 19h, na quinta-feira, celebrada pelo padre XYZ. Assim, o pregador deve aparecer, mas não em excesso; aguardar ser convidado, demonstrar qualidade em sua obra recém-publicada e apresentar sua nova mensagem sem pretensões. Carteiro que dá show de entrega, às vezes termina por não entregar mensagem alguma! Escorrega no degrau de subida...

67

ECLÉTICOS E MISTURADORES

Se meu leitor já se deu ao trabalho de ouvir alguns pregadores da era eletrônica e seus repetidos discursos na televisão e na internet, se conhece sua Bíblia, tendo também lido os livros apócrifos e pseudoepígrafos, já percebeu a semelhança de linguagens cifradas e apocalípticas. Vale dizer: há cristianismo, agnosticismo, gnoses e opção pelo indefinido nessas pregações.

Preces e conceitos tirados dos Testamentos de Abraão e dos Doze Patriarcas; noção de anjos extraídas do Livro de Enoque, Livros da Infância de Jesus, Evangelhos de Nicodemos, de Madalena, de Tiago, de Judas, de Bartolomeu, de Maria, Cartas de Pilatos, Apócrifo da Assunção, Apocalipses de Moisés, de Adão, de Pedro, de Elias e de Tomé... Tudo isso pode ser detectado em algumas das pregações desses cristãos, que, anunciando Jesus, o fazem fora dos livros oficialmente adotados pelos cristãos nesses últimos 17 séculos. Ignoram os cânones.

Por que o fazem? Não conhecem a Bíblia? Então por que ensinam que tanto quanto Zacarias e Isabel, Joaquim e Ana também eram estéreis? Andaram lendo o Protoevangelho de Tiago? Por que falam do bastão do noivo que floresceu? Por que dão a entender que José tinha filhos e era velho e viúvo? Onde foram buscar algumas narrações de milagres, senão fora da Bíblia? São pregadores cristãos que fogem ao seu ministério e pregam sobre os livros não aceitos pelos cristãos. Por que o fazem?

No livro *Descida de Cristo aos Infernos*, no capítulo 8, há uma passagem que afirma que o Inferno se pôs a tremer ante os brados de Davi, que anunciava "O Senhor das Virtudes e o Rei da Glória". As portas do Inferno tremeram, fechaduras se despedaçaram, ferrolhos caíram ao chão, e todas as coisas ficaram a descoberto. Satanás tinha os pés presos por grilhões. O Rei da Glória amarrou o pescoço de Satanás e o arremessou ao Tártaro. Os santos pediram ao Senhor que deixasse nos Infernos o sinal da Santa Cruz e, assim, a cruz está no meio do Inferno como sinal de vitória e lá permanecerá por toda a eternidade. Foi este o testemunho de Karino e Lêucio sobre Cristo e seus santos na vitória sobre os Infernos.

Novos Lêucios e Karinos

A julgar pelo que se ouve em alguns programas de rádio e alguns exorcismos e quebras de maldições, há muitos Karinos e Lêucios de agora ensinando errado sobre anjos, infernos, santos, céus e infernos. Muitos deles se declaram videntes, católicos e pentecostais. O que têm em comum é que leram outros livros, mas não leram a Bíblia.

Quem não conhece a Bíblia sai por aí falando sobre os anjos Semjasa, Artakifa, Kokabel, Hananael, Tamiel, Danel, Batarel, Jonajael e Sariel. E dirá que Rafael dirige os espíritos dos homens, que Uriel preside o mundo do Tártaro, que Raguel é o anjo vingador, que Gabriel preside ao Paraíso, às Serpentes e aos Querubins...

***

Parecem cristãos, mas não são! Uma igreja que aceita tais pregadores sem chamar-lhes a atenção está mandando a raposa cuidar dos ovos e o ladrão guardar os seus tesouros!... É de se perguntar que livros andam lendo e onde estudaram.

No capítulo 62 do Evangelho de Valentino, Tomé teria falado sobre sujeitos que comem hóstias feitas com sêmen de homem e sangue menstrual de mulheres... E Jesus teria dito que nenhum pecado seria maior do que este. É de se perguntar se quem escreveu o texto foi mesmo inspirado pelo Espírito Santo! Mas é mais triste ouvir de uma pregadora de agora que, ao receber a Eucaristia, a Virgem não tem mais tentação naquele dia e que o casal supera qualquer impulso errado... Ela só não explicou o que entendia por "impulso errado".

68

PENSAMENTOS SOBRE A COMUNICAÇÃO DE HOJE

1. Intolerância

Todos os pregadores de todos os credos estão usando a internet para divulgar sua fé. Como não poderia ser diferente, todos eles garantem que sua igreja e seu grupo estão com a verdade, sendo mais próximos dela em comparação com outras igrejas ou religiões.

Ninguém sobe a um púlpito ou agarra um microfone para dizer que seu grupo está enganado. Eles pregam suas certezas! Poucos pregam o diálogo e a esperança. A maioria acha que achou! E acha que os outros ainda não acharam.

Os fariseus, os doutores da Lei e os escribas que combatiam Jesus também acreditavam que Ele não tinha encontrado a verdade!

E passaram a agredir Jesus em palavras, calúnias e tumultos. E finalmente conseguiram crucificá-lo.

Um bom religioso sempre respeitará quem crê diferente. Um mau religioso, ao invés de propor, vai sempre impor suas convicções. E, em geral, ofenderá quem crê ou pensa diferente.

Você provavelmente tem amigos, parentes ou amigos incapazes de respeitar seu jeito de crer. No seu canteiro espiritual só cabem rosas brancas. Para eles, rosas amarelas e vermelhas não são rosas. E qualquer outra flor é vista como tiririca. Não entendem de flores e também não entendem de fé. Seu cérebro não consegue processar informações complicadas. E fé é coisa complicada, porque supõe dialogar, acolher e respeitar os outros. Esta educação eles não têm!

No fim das contas, eles aprenderam algumas frases-chave sobre Deus e ignoraram todas as outras que também falavam de Deus.

2. Hipérbatos e metonímias

As igrejas estão cheias disso. Desde que deram microfones para quem estudou o mínimo para subir a um púlpito, as igrejas estão pagando o preço dessas barbaridades. Todas elas. Os desorientados e os despreparados estão falando muito mais do que os preparados.

Hipérbato é inversão. Hipérbole é exagero. Metonímia é uso de uma palavra fora do contexto!

Na falta de mais estudo e pesquisa, os púlpitos estão cheios de anáforas: repetição em cima de repetição. É a cultura do "repeteco"! Não tendo mais o que dizer sobre o assunto que não leu nem estudou, o dono do microfone repete, repete, repete.

E isto não é vaidade ou abuso de poder. É apenas dever de alertar que quem aceita subir a um palco para falar de fé deve ter a humildade de se informar, munir-se de bons livros e de documentos oficiais da Igreja para agir como catequista! Não vale improvisar e citar errado e achar que Jesus disse aquilo, quando Ele não disse nem diria!

Lembram-se das frases sobre o Inferno presentes na Bíblia? O que é metonímia, hipérbole e hipérbato? Há ou não há citações fora de contexto? Há ou não há exageros? Há ou não há gente ensinando o contrário do que a Igreja ensina?

E o pior é que o sujeito que está arrotando metonímia (palavra fora do contexto) acha que os errados são os outros.

Os fariseus também achavam que sempre estavam certos e Jesus sempre estava errado.

Na internet, quem não leu nem estudou muitas vezes canta de galo contra aqueles que dedicaram 30 a 50 anos ao estudo. Mesmo assim, é acusado de ser infiel. O infiel passa por fiel e o fiel vive sendo acusado de deturpar a verdade! Não é ridículo?

3. Atiçados contra a hierarquia

Leio e estudo o catolicismo há mais de 60 anos. E sei quando um padre ou monge se rebela contra seus superiores e quando um leigo ou leiga faz o mesmo.

O padre, o frade e o monge discordam sem atacar o Papa, os bispos ou a Conferência Nacional dos Bispos do Brasil (CNBB). Eles sabem que podem ser expulsos da comunidade, da diocese ou da ordem. Eles conhecem o direito canônico, então é muito raro ver postagens diretas contra as autoridades da nossa Igreja.

Mas leigos jovens ou idosos não evangelizados não entendem de direito canônico, então falam grosso contra o Papa atual e contra nós, padres que pregamos Direitos Humanos e Doutrina Social da Igreja (DSI).

Em geral, são direitistas. Vejo isto pelas suas páginas! Quando são politizados contra a esquerda e o comunismo, muitas vezes confundem tudo, erroneamente nos rotulando como comunistas, e misturam Teologia da Libertação com comunismo.

São usados por mestres mal-intencionados. Eles mesmos nunca falam contra o Papa ou contra a CNBB, mas jogam estes leigos sem catequese ou sem Eclesiologia contra nós, que ousamos ensinar o Concílio Vaticano II (CVII), o Catecismo da Igreja Católica (CIC) ou a DSI. Literalmente nos caluniam, e estes leigos sem devida formação acabam acreditando que somos o lixo da Igreja.

Sei disso pelo que já li na internet. E guardei tudo em pastas. Noventa e nove por cento são leigos irados. Os religiosos irados nunca falam abertamente contra o Papa ou contra os bispos. Postam suas catequeses contra as atualizações do Concílio, mas sem falar mal do Papa. Nesse caso, seriam punidos.

Já os leigos que nos ofendem, não sabem o que é hierarquia. Quando descobrem que caluniaram o Papa, pedem desculpas. Não sabiam que era tão grave.

Resumindo: são ensinados a nos ofenderem, leigos e padres insatisfeitos com as atualizações de nossa Igreja.

4. Rios não correm para trás

Quando ensino e corrijo algum erro de catequese, há católicos e católicas que me chamam de adjetivos e epítetos nada agradáveis de se ouvir.

Os fariseus também chamaram Jesus de "sócio de Belzebu" e até espalhavam que Ele tinha o demônio!

Não estavam dispostos a dialogar, aprender ou serem corrigidos. Eles tinham Moisés e a Lei a seu favor! Assim pensavam!

Arranjavam nomes desagradáveis para Jesus e Paulo. Queriam vencer e venceram!

Jesus foi crucificado, Paulo teve que fugir num cesto por cima do muro e depois foi decapitado!

Mas, dois mil anos depois, você conhece ruas, templos e cidades, rios e países com o nome de Anás, Caifás ou de algum daqueles fariseus que viviam xingando Jesus?

Contudo, Jesus e Paulo e os apóstolos não pararam de pregar! Não tiveram medo de evangelizar.

Isso de dar nomes feios e caluniar o pregador não funciona. Nenhum deles vai deixar de pregar a doutrina e a liturgia oficial da Igreja.

Há vários anos há católicos fazendo isso contra o Papa e contra a CNBB.

Não metem medo! Fazem enorme estrago, mas não farão a Igreja voltar a antes do Concílio.

Prestem atenção em quem está se rebelando contra os líderes de nossa Igreja! São sempre os católicos insatisfeitos. Lembram Datã e Abirão, que se revoltaram contra Moisés no Sinai (Nm 16,1-35).

Não queriam prosseguir e levaram muitos com eles de volta para o Egito. Mas não deu certo. Os israelitas cruzaram o deserto e os revoltosos tiveram que obedecer a Moisés ou ser tragados pela fenda na terra!

Faz séculos que os crentes insatisfeitos com seus líderes acabam fundando outras igrejas ou migrando para outros credos e até para o ateísmo!

Os insatisfeitos de hoje acabarão fazendo o mesmo! Se a revolta crescer, haverá cisão maior do que já está!

Criarão sua própria Igreja "Católica não Romana", uma vez que não aceitam o atual bispo de Roma – e o próximo certamente não cederá ao seu recuo místico-teológico-pastoral.

Rios não correm para trás! Nem nossa Igreja!

5. Profundidade nas pregações

"Faltou teologia, história, psicologia e sociologia, sobrou devoção e espiritualidade". E isto é bom, mas não é o suficiente para quem quer subir a um púlpito.

Foi o que eu disse em uma aula. E é o que escrevi no capítulo final de um dos meus livros. De fato, teologia não é tudo. Mas sem teologia qualquer pregação vai ser rasa! Ninguém tem que ser doutor, mas todo pregador tem que ser leitor. A estante de livros de um pregador da fé dirá que tipo de livros ele estuda!

Quem quiser me questionar, faça isto! Mas lecionei mais de trinta anos sobre o comportamento do comunicador católico e evangélico no curso "Prática e Crítica de Comunicação nas igrejas". E o que vi foi que a falta de conteúdo bíblico, teológico e sociológico nos seminários criou um tipo de pregador imediatista, que parou a meio caminho da teologia, da psicologia e da sociologia. Não entende de gente, de espiritualidade, e pula para conclusões na ânsia de colher resultados.

O caminho mais fácil torna-se, então, pregar moralidade, comportamento, devoção e trechos da Bíblia. Mas suas pregações não têm consistência porque não têm começo, nem meio, nem fim. Vivem de frases esparsas de Cristologia, de Eclesiologia e de Piedade. Seus sermões os denunciam!

Privilegiam as devoções e têm enormes dificuldades de mergulhar em livros substanciosos que versam sobre a Ciência da Religião. Pararam de estudar a fé. Agora vivem da sensação da fé! Vivem mais do que sentem, e sentem mais do que sabem. Em geral, pararam de se atualizar!

Outros mestres vivem se atualizando nos campos do saber. Eles, não. E não veem valor nos estudiosos da fé. Abraçaram a vivência. E o que estudaram até subir ao púlpito lhes basta!

Faltou o que os grandes pregadores da Igreja sempre tiveram: conteúdo e teologia! Embora haja honrosas exceções, estas permanecem como exceções. Muitos outros não se aprofundam e estudam muito pouco!

POSFÁCIO

Escrever sobre barcos e navios que singram e que geralmente chegam ao seu destino é escrever sobre o óbvio.

A maioria dos marinheiros e remadores suporta tempestades e cruza rios, lagos e mares sem nenhum susto. Aprenderam a remar e a navegar.

Mas a pedagogia da vida e da fé ensina que aqueles que lidam com vidas e almas, e que estão envolvidos no planejamento do futuro, devem também se ocupar com a possibilidade de naufrágios, porque eles acontecem.

Não se surfa, nem se sai a pescar sem primeiro aprender este esporte ou este ofício.

Púlpito e microfones também não são para diletantes ou para amadores. Há que se instruir, treinar e armazenar conhecimentos suficiente antes de subir mais alto, ou, humildemente, posicionar-se mais abaixo, ou ainda pregar no meio do povo.

Jesus fez isso. Escolhia os lugares e as ocasiões, mas ele sempre tinha o que dizer, independentemente de onde estivesse.

Este livro termina com esta advertência: conheça o mar, as nuvens, o barco e os instrumentos antes de arriscar a sair para o mar aberto.

O mar aberto de hoje chama-se WEB, INTERNET, e muitas vezes cabe nas nossas mãos. Parece pequeno, mas pode levar a gigantescos naufrágios!

Conheçamos a doutrina da graça e, com ela, também os perigos de mergulhar em qualquer novo mar. Não se brinca com a profundidade dessas águas! Os tsunamis estão cada dia mais frequentes.

Sem estudo, sem leituras e sem espiritualidade, os naufrágios estão cada dia mais constantes.

Oremos, ouçamos e estudemos nossa fé e nossas mídias!

REFERÊNCIAS

ALMEIDA, João Carlos. *As sete virtudes do líder amoroso*. São Paulo: Editora Canção Nova, 2008.

ALMEIDA, João Carlos. *Teologia da Solidariedade*. São Paulo: Edições Loyola, 2005.

ANGELO, Claudio. Físico propôs nanografia em 1959 nos EUA. *Folha de S.Paulo*, 27 abr. 2009. Disponível em: https://www1.folha.uol.com.br/fsp/ciencia/fe2704200902.htm. Acesso em: 14 nov. 2023.

ARMSTRONG, Karen. *Uma história de Deus*. São Paulo: Companhia das Letras, 1993.

ARMSTRONG, Karen. *12 passos* para uma *vida de compaixão*. São Paulo: Paralela, 2011.

ATTALI, Jacques. *Os judeus, o dinheiro e o mundo*. São Paulo: Futura, 2008.

ATTALI, Jacques. *Uma breve história do futuro*: a incrível história dos próximos 50 anos. Lisboa: Publicações Dom Quixote, 2007.

BAUDRILLARD, Jean. *A transparência do mal. Ensaios sobre fenômenos extremos*. Campinas: Papirus, 1990.

BAUDRILLARD, Jean. *Simulacros e Simulação*. Lisboa: Relógio d'Água, 1991.

BAUMAN, Zygmunt. *Vida Para Consumo*. Rio de Janeiro: Zahar, 2007.

BAUMAN, Zygmunt; BORDONI, Carlo. *Estado de crise*. Tradução: Renato Aguiar. Rio de Janeiro: Zahar, 2014.

BENTO XVI. *Deus e o Mundo*. São Paulo: Livros Molokai, 2020.

BUBER, Martin. *Eu e Tu*. São Paulo: Centauro, 2001.

DAWSON, Christopher. *Dinâmicas da História do Mundo*. São Paulo: É Realizações, 2020.

EHRMAN, Bart. D. *Jesus, Interrupted*: Revealing the Hidden Contradictions in the Bible. New York: HarperCollins, 2009.

EHRMAN, Bart. D. *Misquoting Jesus*: The Story Behind Who Changed the Bible and Why. New York: HarperCollins, 2005.

EHRMAN, Bart. D. *O problema com Deus*: as respostas que a Bíblia não dá ao sofrimento. São Paulo: Agir, 2008.

GONZÁLEZ, Justo L. *Dicionário ilustrado dos intérpretes da fé*. Santo André: Academia Cristã, 2005.

HARARI, Yuval Noah. *21 Lições para o Século 21*. São Paulo: Companhia das Letras, 2018.

MAÇANEIRO, Marcial. *Religiões e ecologia*: cosmovisão, valores, tarefas. São Paulo: Paulinas, 2011.

METTE, Norbert. *Pedagogia da Religião*. Petrópolis: Vozes, 1999.

MILES, Jack. *Deus, uma biografia*. São Paulo: Companhia de Bolso, 2009.

MORAES, Dênis de. *Por uma outra comunicação*: mídia, mundialização cultural e poder. Rio de Janeiro: Record, 2003.

OLIVEIRA, José Fernandes de. *Um rosto para Jesus Cristo*: Subsídio para uma catequese de atitudes. São Paulo: Paulinas, 2010.

OLIVEIRA, José Fernandes. *Meu Irmão Crê Diferente*. São Paulo: Paulinas, 2014.

PAPA FRANCISCO. *O futuro da fé*. Rio de Janeiro: Petra, 2017.

SILVA, Francisco Teixeira (coord.). *O século sombrio: uma história geral do século* XX. Rio de Janeiro: Editora Campus Elsevier, 2004.

TOFFLER, Alvin. *O choque do futuro*. Rio de Janeiro: Record, 1998.

VIDAL, Marciano. *Ética Teológica*. Petrópolis: Vozes, 1999.

ÍNDICE